Jana Schumacher

52 NEUE RÄTSELANDACHTEN

Impulse und raffinierte Knobeleien
rund um die Bibel

Nutzung für Gemeindebriefe

Die Rechte für Reproduktionen liegen beim mediaKern-Verlag. Käufer des Buches dürfen die Texte und Rätsel jedoch im Sinne einer nicht-kommerziellen Nutzung im gemeindlichen Kontext (Gemeindebriefe u.ä.) honorarfrei reproduzieren, sofern mit der folgenden Copyright-Zeile auf die Quelle hingewiesen wird:

aus Jana Schumacher: 52 neue Rätselandachten.
Impulse und raffinierte Knobeleien rund um die Bibel
©mediaKern Verlag, Wesel

Hinweis

Die Rätsel beziehen sich im Zweifelsfall auf die Bibelübersetzung, aus der auch alle Zitate stammen:

Die Bibel nach Martin Luthers Übersetzung, revidiert 2017,
© 2016 Deutsche Bibelgesellschaft, Stuttgart.

Bestell-Nr.: 5.121.310

Umschlag unter Verwendung folgender Bilder:
Getty Images / francescoch, Lava4images, Piotr Wytrazek, Paperkites
Innenbilder: Getty Images / francescoch
Satz und Rätsel-Illustrationen: RKW / Nora Weigel
Lektorat: RKW / J. Dörr

Druck und Verarbeitung:
Drukarnia Dimograf, Bielsko-Biała, Polen

ISBN 978-3-8429-1310-3

www.kawohl.de

Jana Schumacher

52 neue Rätsel Andachten

Impulse und raffinierte Knobeleien
rund um die Bibel

mediaKern

INHALTSVERZEICHNIS

Felsenfest

Wir bauen hier tagein, tagaus
an unsrem eignen Lebenshaus.
Erst legen wir ein Fundament,
wie man es von den Eltern kennt.
Dann ziehen wir – für das Daheim –
so ganz allmählich Stein für Stein
die vielen Wände auch empor
mit Fenstern und dem Eingangstor.
Und nebenbei entsteht das Dach,
damit wir dann in dem Gemach
so leben, wie es uns gefällt
mit alledem, was für uns zählt!

Wir wünschen uns nur Sonnenschein,
doch bricht auch Regen mal herein.
Und wenn dann noch die Winde weh'n,
so werden wir es selber seh'n,
ob unser Haus selbst dem standhält,
auf Sand in sich zusammenfällt.
Bevor es stürmt und mächtig schneit,
gibt es für uns die Möglichkeit,
dass wir den Architekten fragen.
Er wird das Haus auf Händen tragen,
sodass es felsenfest besteht
und niemals wirklich untergeht!

Der Architekt heißt Jesus Christ,
der völlig aus dem Häuschen ist,
wenn wir in Liebe auf ihn schauen,
ihm unser Leben anvertrauen,
weil man – mit seinem guten Plan –
auf ihn echt Häuser bauen kann!

Hier ist der **„Vorläufer“**.
Die Buchstaben in den schwarzen Feldern sind durcheinandergeraten und dürfen zunächst so sortiert werden, dass ein sinnvolles Wort entsteht. Wenn in das graue Kästchen noch der richtige Konsonant (Mitlaut) davorgesetzt wird, bekommt das Ganze noch ein echtes Fundament.

E B A L U

Mach' dich auf

Mach' dich auf und sei ganz offen!
Glaube mir, du darfst noch hoffen.
Das Leben hält in nächster Zeit
noch Größeres für dich bereit,
als du zu träumen je vermagst
und auch zu glauben heute wagst.

Ich habe meine Möglichkeiten,
um eine Zukunft einzuläuten,
die große Freude mit sich bringt,
damit die Seele wieder singt.
So öffne deine Herzenstür;
verschließe dich nicht mehr vor mir.

Mach' dich auf, komm' mir entgegen!
Im Aufbruch steckt ein großer Segen,
denn du darfst Schritt um Schritt erahnen:
Ich will dir deine Wege bahnen,
sodass du mich erleben wirst –
als Wunder-Rat und Friede-Fürst.

So sei für mich ganz aufgeschlossen.
Geh' deinen Weg recht unverdrossen.
In allen Tälern und auf Höh'n,
will ich dir gern zur Seite steh'n.
Hier führt kein Weg nur g'radeaus,
doch letzten Endes schon nach Haus'!

Hier heißt es **„Schreiben nach Zahlen“.**
Der folgende Bibelvers hat fünf Wörter, die mehrfach vorkommen. Es gilt, sie herauszufinden und den vorgegebenen Zahlen zuzuordnen, damit sich der gewünschte Sinn ergibt.
Übrigens: Ich hatte diesen Zuspruch Gottes vor Augen, als ich das Gedicht „Mach' dich auf“ schrieb.

„Denn (4) _______ weiß wohl,
was (4) _________ für
(1) ______________ über
(5) ___________ habe, spricht
der Herr: (1) ______________
(2) _________ Friedens (3) ______
nicht (2) _________ Leides, dass
(4) _______ (5) __________
gebe Zukunft (3) __________
Hoffnung.“

Gut geführt

Du bist mein wunderbarer Hirte,
der mich bis hierher gnädig führte.
Und du tust es heut und morgen;
bei dir bin ich stets geborgen,
weil du mich ja von Herzen liebst
und mir nur das Beste gibst.

Ich werde keinen Mangel leiden;
du bringst mich auf gute Weiden
und leitest mich zur Wasserstelle.
Ich bin bei dir doch an der Quelle,
weil du mich gute Wege führst
und mich dabei begleiten wirst.

Du lässt mich niemals aus den Augen.
Und wenn Täler mich auslaugen,
deckst du mir so reich den Tisch
und hältst meine Seele frisch.
Du tröstest mich und machst mir Mut,
sodass dein Frieden in mir ruht.

Am Ende werd' ich dann erkennen:
Nichts kann mich hier je von dir trennen.
Bei Sonne und den dunklen Wolken
wird dein Erbarmen mir noch folgen.
Du wirst für immer bei mir sein;
du bist die Zuflucht, mein „Da-Heim"!

Hier ist eine **„Auslese“.**
Dabei sind ein paar Buchstaben mit Zahlen ausgetauscht, die ähnlich aussehen. Wer dies entziffert, kann den Psalm lesen, auf den sich mein Gedicht „Gut geführt“ bezieht.

„D3R H3RR 157 M31N H1R73, M1R W1RD N1CH75 M4N63LN. 3R W31D37 M1CH 4UF 31N3R GRÜN3N 4U3 UND FÜHR37 M1CH ZUM FR15CH3N W4553R. 3R 3RQU1CK37 M31N3 533L3. 3R FÜHR37 M1CH 4UF R3CHT3R 57R4553 UM 531N35 N4M3N5 W1LL3N. UND 08 1CH 5CHON W4ND3R73 IM F1N573RN 74L, FÜRCH73 1CH K31N UN6LÜCK; D3NN DU 8157 831 M1R, D31N 573CK3N UND 5748 7RÖ573N M1CH. DU 83R317357 V0R M1R 31N3N 715CH 1M 4N6351CH7 M31N3R F31ND3. DU 54L8357 M31N HAUP7 M1T ÖL UND 5CH3NK357 M1R V0LL 31N. 6U735 UND 84RMH3RZ1GK317 W3RD3N M1R F0L63N M31N L383N L4N6, UND 1CH W3RD3 8L3183N 1M H4U53 D35 H3RRN 1MM3RD4R.

Fruchtbar

Am Weinstock hängen Reben –
so saftig und so prall.
In allen steckt das Leben;
das sieht man überall.
Sie lassen sich nur hängen,
und niemand treibt sie an,
sich richtig anzustrengen;
sie sind am Weinstock dran.
Hier wollen sie nur bleiben
und denken nicht an Flucht.
So geht das Wachsen, Treiben;
dadurch bringen sie Frucht.

Ich möchte neu begreifen,
was in dem Gleichnis klingt:
Ich werde wachsen, reifen,
wenn es auch mir gelingt,
beim Schöpfer „abzuhängen“,
bewusst bei ihm zu sein.
So kann er mich durchtränken
mit seinem guten Wein.
Wenn ich mich ihm ergebe
und seine Nähe such’,
dann sieht man – wie bei Reben –
bei mir auch ganz viel Frucht!

Hier ist die **„Visitenkarte“.**
Dabei sollen die Buchstaben auf dem Kärtchen so umgestellt werden, dass sich die richtige Antwort ergibt. Die drei Namen ergeben zusammen das Lösungswort.

Welche Frucht genießen „ANNE & UWE & BRIT“ gerade, während sie beim gemütlichen Zusammensein über den Bibeltext aus Johannes 15 nachdenken und reden, der mich auf das Gedicht „Fruchtbar“ gebracht hat?

ANNE & UWE
& BRIT

Der Zöllner Zachäus

Jahrein, jahraus sitzt er am Zoll
und haut sich selbst die Taschen voll,
was Steuerzahlern gar nicht passt.
Für sie ist er nur eine Last.
Er ist so reich, fühlt sich doch arm;
jetzt kennt er Einsamkeit und Scham.
Im Herzen spürt er Stück für Stück:
„Das viele Geld bringt mir kein Glück!“

Doch Jesus kommt in seine Stadt,
der noch viel mehr zu bieten hat.
Das weckt die Sehnsucht in dem Mann,
so dass er sich nicht halten kann:
Er steigt ganz schnell auf einen Baum;
hier – denkt er – sieht man ihn wohl kaum.
Doch Jesus schaut auf ihn allein
und lädt sich bei Zachäus ein.

Zu Hause wird dann aufgeräumt;
das hat der Mann sich nicht erträumt.
Er holt das Geld, das ihn bedrückt,
und gibt es vielfach nun zurück.
Das wahre Gut hat er erfühlt;
das Herz ist nicht mehr unterkühlt.
Denn Jesus lässt sich auf ihn ein;
Zachäus will authentisch sein.

Ich finde, der Bericht macht klug!
Wir nähren oft den Selbstbetrug
und kämpfen dann mit den Gefühlen,
wir sitzen zwischen manchen Stühlen.
Doch Jesus liebt uns, wie wir sind,
was Druck und manche Ängste nimmt.
Sein Dasein wird uns umgestalten,
sodass wir uns ganz neu entfalten!

Hier ist ein **„Formenpuzzle“.**
Am folgenden Baum hängen Früchtchen. Wer die einzelnen Buchstaben darin richtig zusammensetzt, weiß, auf was für einem Baum „Der Zöllner Zachäus“ saß, wie ich es in dem gleichnamigen Gedicht angedeutet habe.

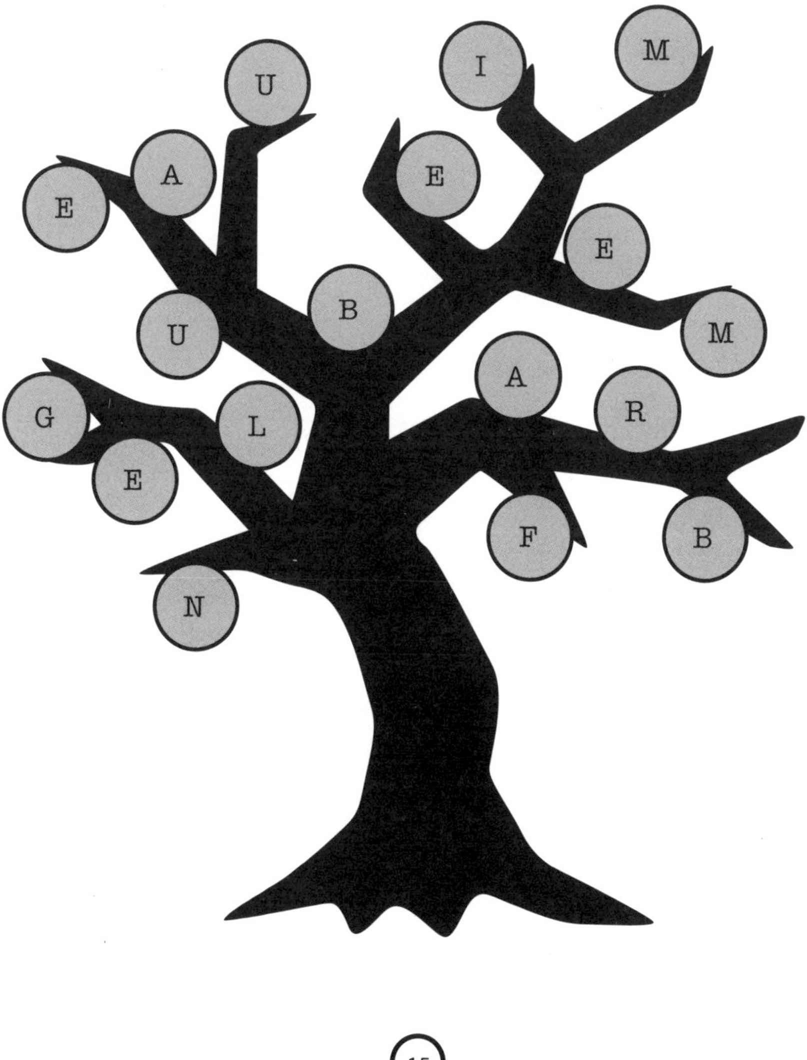

Gedankenschritte laufen

Gedankenschritte laufen
und sind in großer Hast;
sie wollen doch verschnaufen
und machen selten Rast.
Dann öffne ich die Türen
und lad' sie zu mir ein.
Ich kann bewusst erspüren,
wer gern will bei mir sein.

Ich möchte dem vertrauen,
der Wahrheit mit sich bringt.
Denn er kann mich erbauen,
sodass die Seele singt.
Auch darf er korrigieren –
in Liebe mild und sacht,
zu Neuem animieren,
weil das beweglich macht.

Ich komme in die Gänge,
nehm' den Gedanken mit.
Wir gehen ohne Zwänge
und halten langsam Schritt.
Im Fühlen und Beraten
verwandelt er sich bald.
Er kleidet sich in Taten –
mit Gutem und mit Halt!

Hier ist **„Die Qual der Wahl“.**
Dabei soll der nachfolgende Bibelvers aus Römer 2, der mich zu dem Gedicht „Gedankenschritte laufen“ inspiriert hat, ergänzt werden. Mehrere Möglichkeiten sind vorgegeben.
Aber welche stimmen?

„Stellt euch nicht dieser Welt gleich,
sondern ändert euch
durch Erneuerung eures Sinnes,
auf dass ihr prüfen könnt,
was Gottes Wille ist, nämlich ...

O das Barmherzige

O das Heilige

O das Gute

O das Freundliche

O das Wohlgefällige

O das Erhabene

O das Vollkommene

Deine Entscheidung

Ich bin die Wahrheit.
Du kannst mich nicht verbiegen –
doch du kannst dich selbst belügen.

Ich bin der Lebensweg.
Ich will dich gern begleiten –
doch du musst ihn nicht beschreiten.

Ich bin das Licht der Welt.
Ich kann dein Herz erhellen –
doch du darfst das Dunkel wählen.

Ich halte dir das Ganze hin:
Vergebung, Rettung, Ewigkeit,
Schutz und Liebe, Halt und Sinn,
ein Leben voller Kraft, Geleit …

Du darfst freiwillig entscheiden:
Vertraust du dich mir an?
Wirst du dich selbst beschneiden?
Gibt es für uns den Neuanfang?

Hier ist **„Weggeführt“.**
Alle Vokale der Wörter des Bibelverses aus Johannes 14,6, auf den sich mein Gedicht „Deine Entscheidung“ bezieht, sind einfach weggelaufen und wollen wieder zurückgeführt werden. Wie heißt das Bekenntnis Jesu richtig?

„_ ch b _ n

d _ r W_ g

_ nd d_ _ W _ hrh _ _t

_ nd d _ s L _ b _ n;

n _ _ m _ nd k _ mmt

z _ m V_ t _ r

d _ nn d _ rch m _ ch.“

Darf ich bitten?

Sag', darf ich bitten?
Komm', tanze mit mir –
nach Walzerschritten.
Ich stehe schon hier.

Nichts soll uns lähmen,
auch nicht unsre Sorgen.
Wir wollen vernehmen
die Klänge von morgen.

Sie lassen uns hoffen
und geben uns Schwung:
Der Himmel ist offen;
die Hoffnung hält jung.

So schenk' mir den Tanz
und glaube mit mir.
Ins Herz schreitet Glanz
im Heute und Hier!

Hier ist eine **„Schnipseljagd“.**
Ein Zitat von Peter Kuzmic, das mich zu dem Gedicht „Darf ich bitten?“ inspiriert hat, möchte zusammengesetzt werden. Bei richtiger Lösung ergeben die fettgedruckten Buchstaben am Anfang der Kästchen den Namen eines Tanzes.

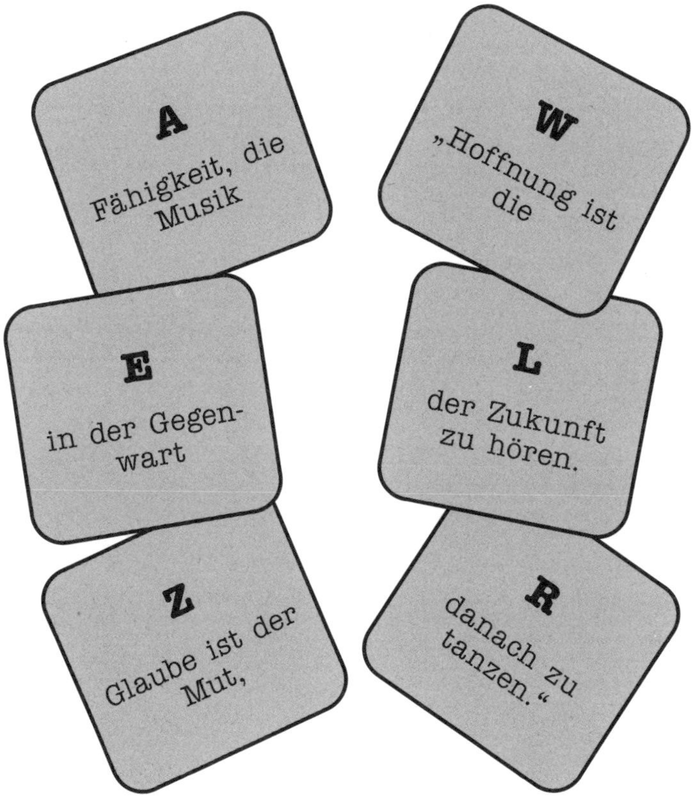

VOLL-ENDEN

Du ruderst nur mit kleiner Kraft,
und doch mit großer Leidenschaft.
Es bleibt die Angst, dass sie vielleicht,
nicht ganz bis an das Ende reicht,
und dass dein Boot noch untergeht,
dein gutes Werk vom Wind verweht!

Doch sieh auf mich, mein liebes Kind!
Ich geb' dir mächtig Rückenwind
im großen Sturm, der in dir tobt.
Vertraue mir: Ich hab's erprobt.
Dein Boot halt' ich in meinen Händen.
Mit mir wirst du die Fahrt vollenden!

Hier ist ein **„Verspuzzle“.**
In den Kästchen ist ein Bibelvers aus Philipper 1 auseinandergenommen und darf wieder zusammengesetzt werden. Er kommt auch in dem Gedicht „Voll-Enden“ zum Tragen.
Was verspricht Gott uns?

1. der	2. Zuversicht,	3. bis	4. gute
5. bin	6. euch	7. Jesu.“	8. das
9. auch	10. wird’s	11. „Ich	12. vollenden
13. Christi	14. hat	15. Tag	16. dass
17. Werk,	18. an	19. in	20. darin
21. der	22. guter	23. angefangen	24. den

Hoffnungssänger

Samstagmorgen um halb acht:
Zu Ende ist nun meine Nacht,
denn vor dem Fenster zwitschert leise
der kleine Vogel namens Meise
und macht mich unter meinem Dach
im Morgengrauen schon hellwach.
Erst ärgert mich ja dieser Wecker;
in meinem Herzen ist Gemecker:
„Wie kann man denn im Dunkeln singen
und fröhlich auf den Ästen springen?
Was hat das kleine Tier entdeckt?“
Mein Interesse ist geweckt!

So geh' ich an die Fensterscheibe,
wo ich dann lange stehenbleibe.
Ich hör' in aller Seelenruh'
nun jener kleinen Meise zu,
weil sie bei diesem Dämmerlicht
so ganz entschlossen zu mir spricht:
„Ich weiß es selbst von dem Erfinder:
Der Frühling folgt auf jeden Winter.
Und Licht kommt nach der Dunkelheit,
die Unbeschwertheit nach dem Leid.
Und dauert manche Nacht auch länger –
ich pfeife als dein Hoffnungssänger!“

„Das will ich auch!“, denke ich mir.
„Ich möchte wie das kleine Tier
mich bei Nacht bereits erheben
und mit Pfiff dann weitergeben,
dass jedes Dunkel sich verzieht –
mit einem schönen Hoffnungslied!

Hier ist ein **„Schüttelrätsel“.**
Die folgenden Buchstaben wurden ordentlich durchgeschüttelt. Wer sie jeweils richtig umstellt, entdeckt Vögel, die in der Bibel erwähnt werden. Und vielleicht kommt in den grauen Kästchen – von oben nach unten gelesen – ein „Hoffnungssänger“ aus dem gleichnamigen Gedicht zum Vorschein.

E	M	Ö	W				
E	E	L	U				
E	E	G	I	R			
A	D	E	L	R			
A	B	E	T	U			
C	H	R	O	S	T		
A	B	C	H	H	I	T	
A	B	C	E	H	L	S	W
E	G	I	L	N	P	R	S

Der Hauptmann von Kapernaum

Der Hauptmann von Kapernaum
versteht etwas vom rechten Tun.
Er läuft rasch zu dem Wandersmann,
der Menschen wirklich heilen kann.
Denn seinem treu ergebnen Knecht
geht es inzwischen richtig schlecht.
„Sprich nur ein Wort ...“, tut er ihm kund,
„dann wird mein Diener schnell gesund!
Du musst dich nicht zu uns bemühen
und kannst des Weges weiterziehen!
Was ich zum Knecht sag’, wird vollbracht;
und du hast noch viel größre Macht!“

Der Herr ist jetzt total erstaunt.
Er hat den Jüngern zugeraunt:
„Solch ein Vertrauen fand ich nie!
Und das berührt mich – irgendwie!“
Dann wendet er sich plötzlich um
zum Hauptmann aus Kapernaum
und sagt ihm sofort – mit Verlaub:
„Geh’ hin und sieh’, was du geglaubt!“
Der Hauptmann steht demnach parat
und läuft in seine Heimatstadt.
Inzwischen macht es hier die Runde:
„Der Knecht ward heil zur selben Stunde!“

Hier ist ein **„Störenfried“.**
In jedem Rechteck muss einer der beiden Buchstabe gestrichen werden, damit sich waagerecht und senkrecht Begriffe ergeben, die in der Geschichte vom Hauptmann aus Kapernaum vorkommen, zu der ich das gleichnamige Gedicht verfasst habe.

	T/D	O/I	D/K	K/B	D/R	A/E	M/N	F/K		S/W	O/I
N/D	U/A		A/I	M/N		N/U		E/A		O/D	A/B
U/E				E/A		F/S		U/P		M/R	
M/K	E/A	U/N	N/S	C/E	K/H		S/W	E/I	N/R	T/D	
		U/I		R/H	I/E	N/R		R/F			J/F
S/W	I/A	N/L	D/G	T/E	N/E		I/O	M/N		L/Z	U/A
A/E	B/N		U/O		R/D			A/O	D/M		D/S
G/R	E/A	U/H		D/P				F/U			E/U
T/E	R/T		K/H	A/E	I/U	P/D	T/F	S/M	A/U	N/L	T/N

ICH STEHE HEUT VOR DEINER TÜR

Ich stehe heut vor deiner Tür.
Lässt du mich bei dir ein?
Ich sehne mich so sehr nach dir,
will gerne bei dir sein.
Ich klopfe bei dir leise an.
Hörst du wohl das Geräusch?
Ich komm' als Herr und Untertan
und spiele keinen Streich!

Ich bringe gute Gaben mit
und mach' dir damit Mut:
das Brot, den Wein, weil ich so litt,
als Zeichen für mein Blut.
Ich teile es so gern mit dir.
Bist du dazu bereit?
So öffne deine Herzenstür;
aus Zeit wird Ewigkeit.

Und wenn du für mich offen bist
und mich auch wirken lässt,
merkst du, wie Leben überfließt.
Wir feiern hier ein Fest.
Womöglich sind auch Freunde da –
in deinem Lebenshaus.
Wie groß auch ist die kleine Schar,
es reicht für alle aus!

Hier ist ein **„Silben-Bibelvers“.**
Es gilt, den folgenden Zuspruch Gottes aus Offenbarung 3,20 zusammenzusetzen, auf den sich das Gedicht „Ich stehe heut vor deiner Tür“ bezieht. Kleiner Tipp: In den grauen Kästchen stecken ganze Wörter.

ich	hin	bend	der	he,	hal	und
ein	er	wer	hö	de	mit	je
Wenn	ten	zu	ste	dem	he	wird
A	me	klop	Tür	Stim	tun,	hen
und	mit	ich	mir.“	und	mei	die
ne	ihm	mand	ren	fe	und	mahl
Tür	auf	das	ge	an.	„Sie	vor

Maria und Marta

Zwei Seelen sind in meiner Brust;
ich sehe mit vier Augen.
Zum einen bin ich pflichtbewusst
und lebe meinen Glauben.
Ich gebe alles für Gott hin,
die Zeit, die Kraft und Gaben,
weil ich ihm wirklich dankbar bin.
Er soll bei mir nicht darben.
Zum andern will ich stille sein,
von Gott alles empfangen.
So kann ich gleich von Vornherein
auf guten Weg gelangen.
Ich weiß ja, dass er so viel gibt –
drum will ich erstmal hören
und spüren, wie sehr er mich liebt.
Das wird die Seele nähren.

Was kann ich tun? Wer will ich sein?
Wie soll ich mich verhalten?
Mir fall'n Maria, Marta ein,
die biblischen Gestalten.
Die erste will Gott Gutes tun;
sie ist dabei am Flitzen.
Die zweite kann in ihm auch ruh'n,
will ihm zu Füßen sitzen.
Doch Jesus sieht die beiden an –
erklärt dann in der Runde:
„Das ‚Aufhören' ist jetzt dran;
gilt als Gebot der Stunde!"
Er bleibt dabei jedoch nicht stehen,
denn sind wir erst gestärkt,
so können wir auch vorwärts gehen –
in seiner Liebe, wohlgemerkt!

Hier ist eine **„Personensuche“.**
Welche biblische Figur versteckt sich hinter diesen Aussagen?
Kleiner Tipp: Natürlich hat die Lösung etwas mit dem Gedicht „Maria und Marta“ zu tun.

Er hat zwei Schwestern.

Hebräisch bedeutet sein Name: „Gott hat geholfen“

Er wohnt mit den zwei in Betanien.

Er wird krank und stirbt, sodass man ihm in eine Grabhöhle legt.

Nach vier Tagen weckt Jesus ihn vom Tod auf.

„Jesus hat ihn lieb“, wird in Johannes 11 erzählt.

Unheimlich still und leise

Unheimlich still und leise
kommst du in unsre Welt.
Auf wundervolle Weise
hast du den Weg gewählt,
ein Licht hier anzuzünden,
in tiefer Dunkelheit,
um Freude zu verkünden
in großer Traurigkeit.

Du bist bei uns erschienen
als Kind, du großer Gott,
um uns als Herr zu dienen
durch deinen Kreuzestod.
Nun bist du bei dem Vater
und sitzt auf deinem Thron,
bleibst Friede und Berater,
die Liebe in Person.

Das können wir erleben;
wir sind jetzt nicht verloren.
Wenn wir uns dir hingeben,
wirst du in uns geboren.
Du wohnst in unsren Herzen;
sie werden warm und weit
und strahlen wie die Kerzen –
bis hin zur Ewigkeit!

Hier ist ein **„Auszählvers“.**
Erinnern Sie sich an Abzählreime? Die Anzahl der Silben darin bestimmt, wer jeweils dran ist.

So ist es auch in unserem „Auszählvers“.
Finden Sie heraus, wie groß die Schritte von Wort zu Wort sein müssen, um einen Bibelvers aus Johannes 12 zu lesen. Welche einstellige Zahl ist der Schlüssel zum Vers, der auch in dem Gedicht „Unheimlich still und leise“ anklingt?

MICH – ALS – ICH – GLAUBT – EIN –
BIN – NICHT – LICHT – IN –
IN – DAMIT – DIE – DER – WER –
WELT – FINSTERNIS – AN –
GEKOMMEN – BLEIBE

Sehnsucht nach Mee(h)r

Ich stehe auf der Seebrücke,
wo ich auf das Wasser blicke.
Des Meeres Weite macht mir klar:
Das Leben bietet weit mehr dar,
als meine klitzekleine Welt,
die ab und an mir nicht gefällt.

Der Wind weht meine Enge fort
an diesem wunderschönen Ort.
Ich atme neues Leben ein,
lass' das Glück in mich hinein.
Segeln wollen meine Träume;
sie bieten neue Lebensräume.

Staunend seh' ich nun nach oben,
spüre auch den heil'gen Boden,
auf dem ich fest und aufrecht steh'
an diesem Mee(h)r, der weiten See.
Hier fühl' ich lange mit Genuss
das Leben jetzt im Überfluss!

Hier ist ein **„Zahlenrätsel“.**
Es gilt, aus Zahlen Wörter zu erraten.
Der Bibelvers, der gesucht wird, steht in Psalm 31 und fiel mir ein, als ich das Gedicht „Sehnsucht nach Mee(h)r“ schrieb.

„		U
	1	11

		E				
0	10	2	3	3	0	10

8	2	4	6	2

		ß	
9	14	13	2

A		
5	11	9

			T		
12	2	4	10	2	6

			M	.	“
7	5	11	8		

Zum Niederknien

Dein Lieben ist zum Niederknien!
Du nimmst mich an, so wie ich bin
und bist für mich auf ewig da.
Auch wenn ich dich noch niemals sah,
vertraue ich dir gerne blind,
weil wir doch eine Einheit sind.

Dein Opfer ist zum Niederknien!
Du hast mir jede Schuld verzieh'n.
Die Seelenkette brach entzwei;
ich bin seitdem erlöst und frei.
Der Himmel ist jetzt aufgeschlossen;
die Gnade ist in mich geflossen.

Dein Achten ist zum Niederknien!
Du hast mir Würde, Wert verlieh'n.
Als Salz der Erde, Licht der Welt
hast du vorzeiten mich erwählt.
So kann ich wieder aufrecht stehen,
mit Rückgrat meine Wege gehen.

Dein Segen ist zum Niederknien!
Du gibst dem Leben einen Sinn.
Ich hab' von dir viele Präsente,
ganz offensichtlich auch Talente.
Ich wünsche mir, mit diesen Schätzen
viel Hoffnungsvolles umzusetzen.

So will ich vor dir niederknien!
Ich leg' den Dank nun vor dich hin,
der mich gedanklich tief bewegt
mein Herz zu deinem Thron hinträgt.
Ich liebe dich, mein Freund und Gott;
du bist und bleibst mein Zufluchtsort!

Hier ist **„Zuviel des Guten".**
In diesen Bibeltext aus Epheser 3,14-21 stehen acht Wörter mehr als nötig. Wer sie findet und jeweils die Anfangsbuchstaben aneinanderreiht, liest, was ich mit dem Gedicht „Zum Niederknien" ausdrücken und einüben möchte.

„Deshalb beuge ich abermals meine Knie vor dem Vater, von dem jedes Geschlecht im Himmel und auf Erden seinen Namen hat, dass er euch neue Kraft gebe nach dem Reichtum seiner Herrlichkeit, gestärkt zu werden durch seinen begeisternden Geist an dem inwendigen Menschen, dass Christus durch den Glauben in euren Herzen ewig wohne. Und ihr seid in der Liebe eingewurzelt und gegründet, damit ihr mit allen Heiligen begreifen könnt, welches die Breite und die Länge und die Höhe und die Tiefe ist, auch die Liebe Christi erkennen könnt, die alle Erkenntnis übertrifft, damit ihr total erfüllt werdet, bis ihr die ganze Fülle Gottes unendlich erlangt habt. Dem aber, der überschwänglich tun kann über alles hinaus, was wir nun bitten oder verstehen, nach der Kraft, die in uns wirkt, dem sei Ehre in der Gemeinde und in Christus Jesus durch alle großen Geschlechter von Ewigkeit zu Ewigkeit! Amen.

Ein Königreich für Frieden

Ein Königreich für Frieden –
wir sind nicht abgeneigt,
wenn Menschen sich nur lieben
und jede Waffe schweigt,
wo wir auf Macht verzichten
und Neid ein Fremdwort bleibt,
wo wir uns nicht mehr richten
und Gier uns nicht umtreibt.

Ein Königreich für Frieden –
das ist uns noch recht fremd,
wo jeder ganz entschieden
dem andern alles gönnt,
wohlmeinend andre achten,
ganz ohne den Vergleich,
wo wir uns selbst betrachten
und sehen: Wir sind reich.

Ein Königreich für Frieden –
es ist uns gar nicht fern,
denn es ist uns beschieden
durch unsern Gott und Herrn.
Denn er hat uns das Leben
durch seinen Tod gebracht.
Er schenkt uns seinen Segen,
den Frieden mit Bedacht!

Ein Königreich für Frieden –
Gott hat es hergelenkt.
Nun kann der Friede siegen,
was immer uns bedrängt.
Er möchte sich verströmen,
was sich in Herzen zeigt.
Wir können uns versöhnen –
und jedes „Kriegen“ schweigt!

Hier ist das **„Herausgesprungen“.**
Leider sind die Wörter aus der Schüssel herausgehüpft und völlig durcheinander. Wer sie von hell nach dunkel sortiert und richtig zusammensetzt, entdeckt den Bibelvers aus Johannes 14, an den ich beim Schreiben des Gedichts „Ein Königreich für Frieden“ gedacht habe.

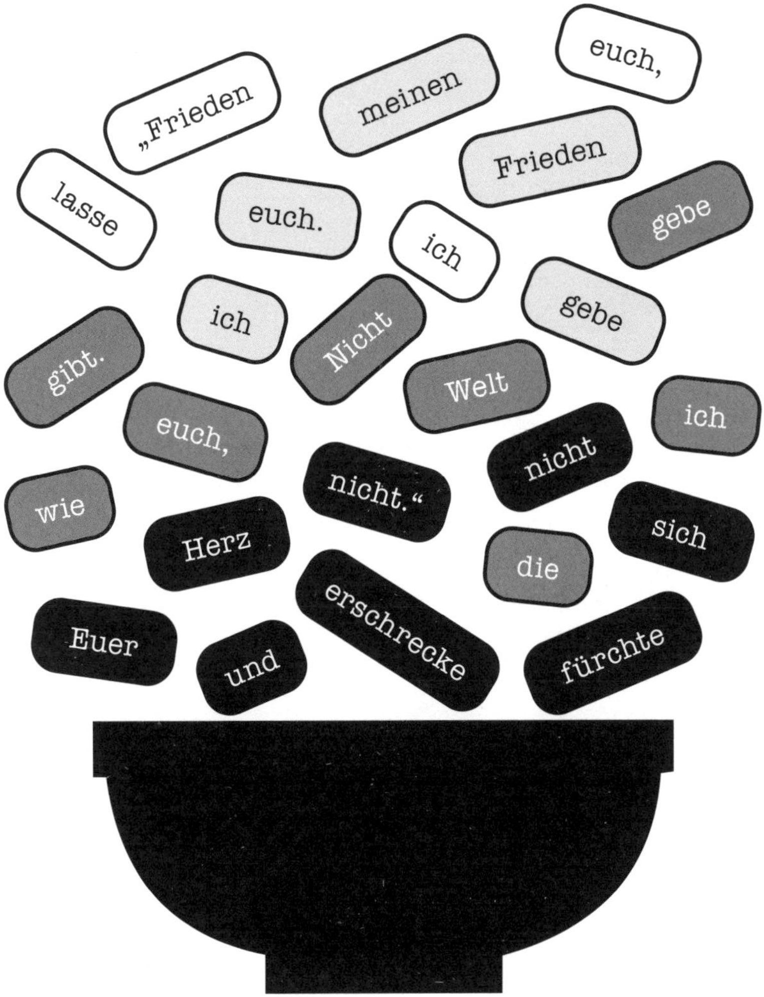

Ewige Augen-Blicke

Ich kann es oftmals gar nicht glauben:
Ein Funkeln ist in deinen Augen.
Du hast ein freundliches Gesicht
und lächelst, fällt dein Blick auf mich.
Du bist mir ewig zugewandt;
das habe ich durch dich erkannt.

Und wenn ich mich dir doch entziehe,
vielleicht auch manchmal vor dir fliehe,
so kommst du mir ganz still entgegen
auf allen Ab- und Sonderwegen.
Wo ich auch steh', ist dir vertraut,
denn du hast mich ja angeschaut.

Und wenn ich leide manche Qual
im tiefen, kalten, dunklen Tal,
so setzt du dich ganz still dazu.
Mein Elend lässt dir keine Ruh'.
Du tröstest mich in dem Geschehen,
denn du hast mich ja angesehen.

Und wenn ich manchen Berg bezwinge,
zuweilen über Mauern springe,
so tanzt du ganz still einen Reigen
und willst mir deine Freude zeigen.
Du weißt schon längst, was mir geglückt,
denn du hast mich ja angeblickt!

Hier ist eine **„Wörterkiste“.**
Darin sind Wörter in drei unterschiedlichen Schriftarten enthalten. In welcher tritt ein Bibelvers aus Zefanja 3 zutage, der mich zu dem Gedicht „Ewige Augen-Blicke“ inspiriert hat? Wie heißt er?
Tipp: Nur einer der Texte stammt wirklich aus der Bibel!

Schriftart 1

Schriftart 2

Schriftart 3

Du **Denn** Bei **der** *bist* **Herr** dir **dein**
Gott *der* **ist bei** mein **dir** *Herr* **ein**
Gott **starker** *der* **Heiland** *mich* **Er**
wird bin **sich über** ich *immer* **dich**
in **freuen und** guten *und* **dir** Händen
freundlich du **sein er** *ewig* **wird**
bist **dir** meine **vergeben** *ansieht*
in Zuflucht **seiner** *und* **Liebe** für
und wird *mir* **über** und **dich mit**
gnädig **Jauchzen** für **fröhlich sein** *ist*

Allerhöchste Zeit

Es ist jetzt allerhöchste Zeit –
die Stunde unsres Höchsten.
Hier steht alles schon bereit,
denn Gott will uns nun trösten,
ermutigen und auferbauen.
Er möchte uns begegnen.
Wir dürfen uns ihm anvertrauen;
der Höchste will uns segnen!

Der Alltag hat uns sehr geschafft;
jetzt setzen wir uns nieder.
Gott gibt uns heute neue Kraft
im Beten und durch Lieder.
Dann hören wir auf Gottes Wort;
es wird das Herz berühren.
Im Innern merken wir sofort,
es öffnet neue Türen.

Der Gottesdienst ist bald vorbei
und dennoch geht er weiter.
Der Glaube macht uns wirklich frei;
wir sind beschwingt, gescheiter.
Nun setzen wir die Gaben ein
und dienen unsrem Nächsten.
Wir möchten gern ein Segen sein –
begleitet von dem Höchsten!

Hier ist ein **„Brückenrätsel“.**
Dabei werden Begriffe gesucht, die sich sowohl mit dem linken Wort als auch mit dem rechten verbinden lassen. Alles steht unter dem Motto: „Gottesdienst“, wie ich es in dem Gedicht „Allerhöchste Zeit“ beschreibe.
Wer das Rätsel richtig löst, ist sich durch die grauen Kästchen – von oben nach unten gelesen – gewiss, wer im Gottesdienst niemals fehlen wird.

Dorf-								-Schiff
Gemeinde-								-Kreis
Paten-								-Lied
Familien-								-Vers
Lob-								-Buch
Berg-								-Text
Holz-								-Weg
Schluss-								-s-Wort

Ein Engel

Ein Engel ist mir heut erschienen,
als ich Kraft und Trost vermisst.
Er kam her, um mir zu dienen,
weil mich Gott wohl nie vergisst.
Ich vernahm himmlische Sätze,
die mein Herz ganz tief berührt.
Und sie sind und bleiben Schätze;
ich habe neuen Mut gespürt!

Ein Engel ist mir heut begegnet –
durch den Gast bei mir zu Haus'.
Er hat Wege mir geebnet
in den weiten Raum hinaus.
Und nun sehe ich das Freie,
das mir Möglichkeiten gibt.
An meiner Seite ist der Treue,
der mich vorbehaltlos liebt.

Ein Engel hat mich heut umgeben,
als ich durch die Stadt geflitzt.
Und er hat – in seinem Schweben –
mich behütet und beschützt.
Auf dieser Welt gibt es Gefahren …
an den Tagen, in der Nacht.
Davor will mich Gott bewahren,
gibt durch Engel auf mich Acht.

Hier ist ein **„Gitterrätsel“.**
Die folgenden Wörter sind so in das Diagramm einzutragen, dass ein Bibelvers aus Hebräer 13 entsteht, auf den ich mich in meinem Gedicht „Ein Engel“ beziehe.

beherbergt, dadurch, denn, einige, Engel, gastfrei, haben, ihr, nicht, ohne, sein, vergesst, wissen, zu

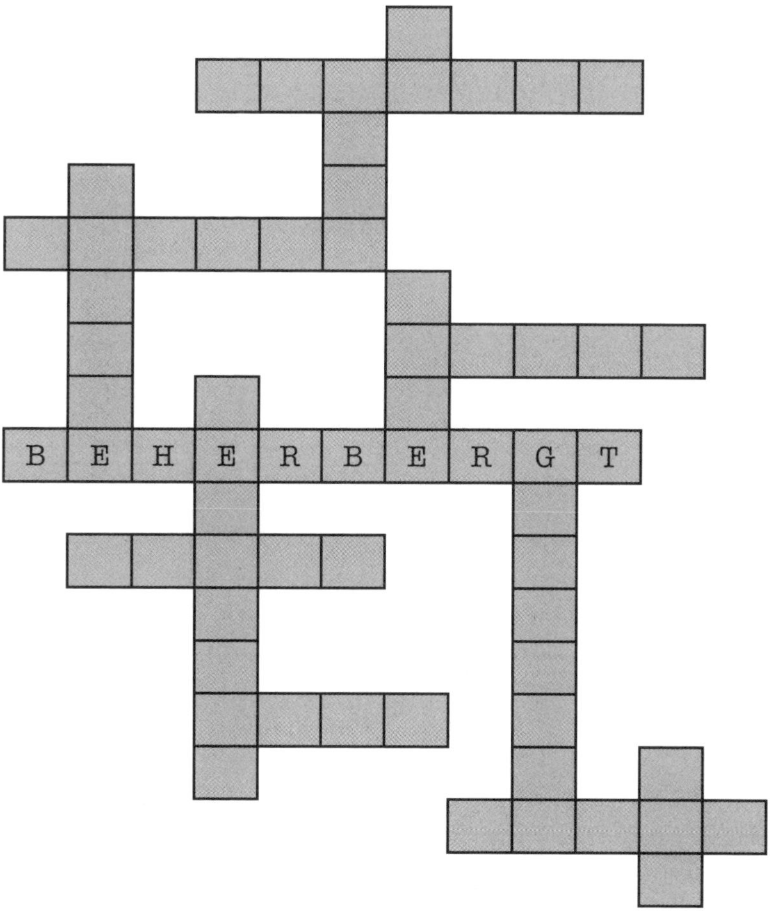

Unter-stützt

Sind Adlerjungen erstmal groß,
dann wird die Mutter rigoros
und auch ein bisschen rabiat,
weil sie den Wunsch im Herzen hat:
Die Kleinen sollen bald erkennen,
dass sie – wie Mama – fliegen können.
Sie wirft die Daunen aus dem Nest,
in die es sich gut kuscheln lässt.
Die Kinder sollen nichts mehr finden
und ihre Trägheit überwinden.

Sie schubst die Jungen dann beizeiten;
sie sollen langsam vorwärtsschreiten
und sich allmählich selbst erheben,
um die Bestimmung auszuleben.
Die Jungen zeigen ihr den Vogel
und fangen auch nicht an zu jodeln.
„Bislang gab sie uns immer Futter
und nun wird sie zur Rabenmutter!“,
so reißen sie den Schnabel auf
und nehmen das, was kommt, in Kauf.

Wenn dann ein Junges nun das Nest
im hohen Bogen forsch verlässt,
behält die Mutter es im Blick
und fliegt ihm nach mit viel Geschick,
damit es nicht für immer strandet,
auf ihrem Rücken sicher landet.
So oft wird das nun eingeübt,
bis jener kleine Adler fliegt
und dann im Leben nie vergisst,
dass er dazu berufen ist.

Hier ist ein **„Schlängel-Bibelvers“.**
Durch das untenstehende Diagramm schlängelt sich ein Bibelvers aus 5. Mose 32. Die Kästchen der aufeinander folgenden Wörter grenzen jeweils horizontal oder vertikal an das der vorangegangenen. Die Lösung des Rätsels hat mich auf die Idee gebracht, das Gedicht „Unter-stützt“ zu schreiben.

so	breitete	Fittiche	aus	Flügeln.“
schwebt,	er	seine	und	seinen
ihnen	über	und	nahm	auf
ein	„Wie	Jungen	ihn	ihn
Adler	ausführt	seine	und	trug

Bei mir ist noch ein Plätzchen frei

Bei mir ist noch ein Plätzchen frei!
Komm, setz’ dich zu mir her.
Ich wünsche mir dich so herbei;
bleibt diese Stelle leer?
Ich frage mich schon lange Zeit,
wie es dir wirklich geht,
wer dir sein Ohr gerne mal leiht
und dir zur Seite steht?

Ich lade dich heut herzlich ein,
dein Schweigen nun zu brechen.
Wir können auch ganz ehrlich sein
und über alles sprechen.
Das Reden tut ganz sicher gut;
die Seele kann sich finden –
und manche Traurigkeit und Wut.
Die Bitterkeit darf schwinden.

Bei mir ist noch ein Plätzchen frei;
ich möchte dich verstehen.
Begegnen könnten wir uns zwei;
ich hab’ dich längst gesehen.
So zeige mir doch deine Sicht
und schau mir in die Augen.
Vielleicht wächst neue Zuversicht;
ich möchte das gern glauben.

Sind wir einander zugeneigt,
im Herzen auch verbunden,
so schwindet unsre Einsamkeit.
Es heilen manche Wunden.
Drum setz’ dich einfach zu mir hin
und lass’ uns offen reden.
Das gibt dem Leben Wert und Sinn;
wir spüren bald den Segen.

Hier ist ein **„Setzkasten“.**
Die folgenden Wörter sollen so in die Kästchen eingetragen werden, dass ein Bibelvers aus Römer 12 zutage tritt, an den ich gedacht habe, als das Gedicht „Bei mir ist noch ein Plätzchen frei“ entstand. Die eingesetzten Buchstaben sollen eine Hilfe sein.

EINES - EUCH - DEN - DEN - FREUT -
FRÖHLICHEN - MIT - MIT - SEID - SINNES -
WEINT - WEINENDEN - UNTEREINANDER

„ □ R □ □ □   □ □ □ □

□ □ □   □ E □   □ □ □ □ –

□ □ □ □ □ □ ,   □ □ □ □ □

□ □ □   □ □ □   □ □ □ –

□ □ □ D □ □ .   □ □ □ □

□ □ □ □ □   □ □ □ □ E □

□ □ □ □ □ □ □ N □ □ □ □ □ . “

Ruhe im Sturm

Auf eine Wellenlänge
steh' ich am weiten Meer
und seh' die Wassermenge;
die Ostsee wird nie leer.
Ich wünsche mir ergeben,
dass Gott mich auch so füllt,
damit die Kraft, das Leben
nach außen überquillt.
So lass ich mich beschenken;
im Stillen, ganz privat,
mit Liebe ganz durchtränken
in Gottes Gegenwart.

Dann will ich dorthin eilen,
wo sich das Leid ergießt,
um gerne das zu teilen,
was in mir überfließt.
Wem kann ich wirklich nützen,
bin ich zu mir nicht gut?
Wen kann ich unterstützen,
fehlt mir die Kraft, der Mut?
Ich gehe erst zur Quelle
und trinke viel davon.
So bin ich auch zur Stelle
als Ruhe in dem Sturm!

Das ist ein **„Balkenrätsel“.**
Hier sind drei Balken, die so angeordnet werden sollen, dass waagerecht Reihe für Reihe ein Bibelvers aus 3. Mose 19 zu lesen ist, der mich animiert hat, das Gedicht „Ruhe im Sturm“ zu verfassen.

1.	2.	3.
LL	SO	DU
IN	DE	ST
CH	NÄ	EN
LI	EN	ST
WI	EN	EB
HS	IC	ED
TI	BS	EL
ND	BI	CH
RR	HE	ER

Gethsemane

In einer tiefen Dimension
erlebe ich, wie Gottes Sohn
sich menschlich und verletzlich zeigt,
sodass mein Herz nur staunend schweigt.
Er ist hier in Gethsemane,
wo ich ihn voller Schmerzen seh' –
so mächtig hilflos, kräftig schwach.
Mir geht lang sein Erleben nach.

Es ist vor seinem letzten Gang.
Nun wird er traurig. Ihm ist bang;
er möchte nicht alleine sein.
Doch seine Freunde schlafen ein.
Er ist nun einsam und verlassen
und leidet über alle Maßen.
Die Tränen fließen wie das Blut.
Noch fehlen ihm die Kraft, der Mut,
„das Ja" zu seinem Weg zu finden
und seine Angst zu überwinden.
Er betet, kämpft; er schreit zu Gott;
er ringt sich durch, bejaht den Tod.

So bald verlässt er jenen Garten
von Judas, seinem Freund, verraten.
Er wird verspottet und verhöhnt
und was er fühlt, wird nicht verschönt.
Durch sein eigenes Ergehen
kann er tröstend mich verstehen!
„Der Mann der Schmerzen" – spüre ich –
lässt mich im Leiden nie im Stich!

Hier ist ein **„Farben-Bibelvers“.**
In dem folgenden Feld sind Buchstaben in den einzelnen Kästchen mit unterschiedlichen Farbschattierungen positioniert, die jeweils zusammengehören. In welcher Farbschattierung ist ein Bibelvers versteckt? Er kann nur waagerecht erkannt werden und ist eine Einladung.

W	V	G	A	O	O	L	T	T	L	E	T	R
A	E	L	N	D	L	H	E	A	E	I	S	B
I	I	C	N	S	E	N	H	T	K	S	E	D
L	C	C	I	H	H	R	K	O	A	M	N	N
Ö	A	G	N	B	L	I	E	I	C	R	C	H
D	H	N	E	N	I	I	C	H	I	M	T	N
N	E	M	N	E	D	W	H	I	M	I	E	E
S	N	L	E	E	L	N	R	E	K	I	N	E
E	L	S	R	C	T	F	H	Z	Ü	U	V	L
S	L	O	C	E	N	H	N	M	S	I	C	R
D	W	H	O	E	A	C	R	F	H	F	N	F
T	I	Ü	M	R	C	I	M	H	C	I	H	T
W	N	C	A	I	H	S	C	N	H	I	T	I
G	C	I	M	H	B	M	W	M	I	I	L	R
L	R	S	H	D	N	O	E	N	V	I	O	D
N	N	E	E	M	K	I	R	R	R	N	A	B
I	W	F	T	A	T	S	T	V	D	E	A	U
W	F	T	I	O	L	E	L	R	R	S	T	T

Er-Leben

Ich spüre in der Stille,
wie gut du zu mir bist.
Ich hab' in dir die Fülle,
weil Leben überfließt.
Denn du bist meine Quelle,
die mich hier nährt und tränkt,
die mir vor Ort und Stelle
nur reine Liebe schenkt.

Ich spüre in der Tiefe,
wie reich du mich gemacht.
Du bist die größte Hilfe –
auch mitten in der Nacht.
Ich lern' zu unterscheiden,
was Wert hat und was nicht.
Du bist in allem Leiden
die Kraft und Zuversicht.

Ich spüre in der Weite
die große, schöne Welt
und den, der mich befreite,
der mich heut trägt und hält.
Du lebst, und ich darf leben;
dafür hast du gebürgt.
Nun kann ich es erstreben
und fühl' schon, wie es wirkt!

Hier ist ein **„Versrätsel“.**
Die fehlenden Wörter in den folgenden Bibelversen gilt es zu finden. Wer sie der Reihe nach zusammensetzt, entdeckt den Bibelvers aus Johannes 14, der auch in dem Gedicht „Er-Leben“ erwähnt wird.

„_________________ bin gekommen,
damit sie das Leben haben und volle Genüge.“
(Johannes 10,10)

„Ich will den Herrn loben,
solange ich _________________.“
(Psalm 146,2)

„Und das Licht scheint in der Finsternis,
___________ die Finsternis hat's nicht ergriffen.
(Johannes 1,5)

„_____________ seid das Salz der Erde.“
(Matthäus 5,13)

„Und ihr ________________ mein Volk sein,
und ich will euer Gott sein.“
(Jeremia 30,22)

„Darum freut sich mein Herz,
und meine Seele ist fröhlich; _____________
mein Leib wird sicher wohnen.
(Psalm 16,9)

„Wenn wir im Geist _____________,
so lasst uns auch im Geist wandeln.“
(Galater 5,25)

MEIN LEBENSLAUF

In meinem Lebenslauf
geh' ich auf allen Wegen
dem Vaterhaus entgegen,
nehm' viel dafür in Kauf,
weil ich Berge erklimme
und Täler durchschreite,
in rauen Lüften gleite,
und Meere durchschwimme.

In meinem Lebenslauf
ist es nicht immer einfach.
Ich falle, fühl' mich schwach,
steh' trotzdem wieder auf.
Als Pilger auf der Erde
erspähe ich mein Ziel –
das herrliche Domizil,
wo ich erwartet werde!

Hier ist etwas **„Ausgekippt“.**
In der Schüssel lagen Buchstaben hübsch geordnet. Aber nachdem sie umgefallen ist, müssen sie wieder sortiert werden.
Die Kästen mit sowohl den gleichen Farben als auch Formen bilden jeweils ein Wort. Wie heißt der Vers aus Psalm 119,19, an den ich dachte, als ich das Gedicht „Mein Lebenslauf“ schrieb?

Seine Tochter

Seit Jahren hat sie ihre Tage.
Und das ist wirklich eine Plage,
weil die Erkrankung regelrecht
behindert und natürlich schwächt.
Sie hat schon alles ausprobiert
und jeden Facharzt konsultiert.
Ihr „Fall“ gilt nun als hoffnungslos.
Und ihre Not bleibt riesengroß.

Obwohl sie sich – bei allem Frust –
an jede Vorschrift halten muss,
mischt sie sich forsch in das Gedränge;
die Ohnmacht treibt sie in die Enge.
Sie will sich selbst nicht isolieren,
des Herrn Gewand nur kurz berühren,
weil das Vertrauen in ihr klingt,
dass ihr schon das Gesundheit bringt.

Doch Jesus, der ja alles sieht,
weiß längst schon, was da g’rad geschieht.
Er ruft – ganz freundlich – die Gesunde
hin in die große Männerrunde
und lässt sie lauthals offenbaren,
was sie bedrückte, und zwar seit Jahren,
sagt: „Meine Tochter!“, zart und sacht,
„Dein Glaube hat dich heil gemacht!“

Es ist und bleibt wohl Jesu Sitte:
Vom Rand holt er dich in die Mitte,
wenn du beschämt, verzweifelt bist,
das Leben langsam aus dir fließt.
So traue dich und komm’ zu ihm –
ist deine Not auch recht intim.
Er wird behutsam dir begegnen
und dich mit Heil und Hoffnung segnen!

Hier kommt ein **„Punktspiel“.**
Von der blutfüssigen Frau wird in der Bibel inmitten einer anderen Geschichte erzählt. Jesus ist auf dem Weg zu einem Mädchen, dessen Name wir nicht kennen. Wer aber an die Stelle der Punkte Buchstaben einfügt und sie aneinander fügt, erfährt, wie der Vater dieser jungen Frau hieß.
Kleiner Tipp: Die folgenden Personen haben uns alle ein Erlebnis voraus.

.ESUS CHRISTUS

T.BITA

JÜNGL.NG ZU NAIN

LAZA...

Zweifel-Los

Ich sehe hier die Meereswogen;
sie peitschen immer hin und her.
Das große Brausen und das Toben,
sie werfen alles kreuz und quer.
So stürmt es auch bei mir tief innen,
die Zweifel sind so riesengroß.
Ich möchte ihnen gern entrinnen;
sie machen mich nur ruhelos.

Wann endet dieses Auf und Nieder;
wie bin ich nicht mehr so entzweit?
Ich glaube, dass vom Hin und Wieder
mich die Entscheidung nur befreit.
Und wenn ich Jesus Glauben schenke,
mit ihm ein Wellenreiter bin
und die Gedanken auf ihn lenke,
dann schwindet jenes Her und Hin.

So geh' ich ihm bewusst entgegen
und nehme mit, was mich bestürmt.
Ich spür' die Hand und seinen Segen,
weil er mich auf dem Meer beschirmt.
Die Zweifel sind plötzlich entwichen;
mein Herz ist still, so wie es scheint.
Ich bin nun wieder ausgeglichen
und mit mir selbst und Gott vereint!

Hier ist ein **„Bibelvers-Chaos“.**
Dabei sollen die Buchstaben in den unteren Spalten Buchstaben so in die oberen Kästchen eingetragen werden, dass sich dort ein Bibelvers aus Jakobus 1 ergibt, der mich inspiriert hat, das Gedicht „Zweifellos“ zu schreiben.

			■							
	■				■					
		■						■		
								■		
	■				■					
■										■
			■							
						■				
W	E	R	E	Z	W	E	I	F	E	L
T	T	D	E	R	N	G	L	E	I	C
H	R	E	S	I	O	E	R	N	M	E
E	G	V	O	W	I	G	E	E	D	I
E	N	E	T	M	U	W	I	E	D	E
U	T	D	C	R	T	E	B	I	N	E
I		S		A		F	G		P	D
				H			W		R	

Mittendrin

Zwischen Himmel und Erde
hingst du für uns in der Luft,
damit überwunden werde
die Schlucht, die große Kluft –
die Kluft von Fluch und Segen,
von Finsternis und Licht,
die Kluft von Tod und Leben,
von Furcht und Zuversicht.

Mit ausgestreckten Armen
ziehst du uns zu dir hin.
Du zeigst uns dein Erbarmen.
Auch wir sind mittendrin,
durchleben Glück und Tränen,
Verlieren und Gewinn,
Vergebung und das Schämen –
solange wir hier sind.

Du bist in unsrem Zwiespalt
und bleibst auf ewig da,
gibst Freude in der Vielfalt,
sprichst in dem Nein dein Ja.
Wir sind mit dir verbunden,
du füllst den Mangel aus,
hast alles überwunden
und führst uns jetzt nach Haus'!

Hier ist ein **„Suchsel“.**
Darin stecken 14 Wörter. Sie können in jede Richtung laufen – vorwärts, diagonal, rückwärts, vertikal. Die Buchstaben, die sich hinter den Kreisen verbergen, ergeben ein Wort sowohl aus dem Bibelvers als auch aus dem Gedicht „Mittendrin“. Wie heißt die Zusage Jesu aus Johannes 16?
Achtung: Auch Anfangsbuchstaben können verdeckt sein – das ist dann besonders kniffelig!

aber, Angst, der, die, getrost, habe, habt, ich, ihr, in, seid, Welt, Welt, überwunden

(1)	B	E	R	W	(6)	N	D	E	(10)
S	W	D	T	Ö	D	I	E	G	R
C	(9)	F	J	E	I	A	B	E	R
K	L	O	B	L	E	T	(8)	Ä	U
W	T	A	(7)	G	S	T	L	X	N
E	H	K	F	Ä	D	O	T	E	F
V	S	A	N	A	Z	(4)	H	I	(5)
Ü	D	M	(2)	P	N	S	N	C	A
T	S	O	R	T	(3)	G	U	H	K

Herzerwärmend

Das kleine Herz – es zittert
vor Kälte und vor Angst.
Es hat schon lang gewittert,
warum es sich verschanzt.
Es ist so voller Trauer,
dass es schier fast zerreißt.
Dann fällt noch Regenschauer;
es rutscht auf Schnee und Eis.

Es möchte sich erheben,
die Sommersonne spüren
und endlich kraftvoll leben,
im Winter nicht erfrieren.
So will es jetzt beschließen:
Ich gehe hin zu Gott.
Von ihm wird Liebe fließen;
er tröstet in der Not.

Es kann nun zu sich stehen
und schlägt in seinem Takt,
will Neues wieder sähen;
die Hoffnung ist erstarkt.
Bald kommt die Welt zum Blühen;
das Herz hat viel gepflanzt,
kann Freude neu versprühen,
sodass es wieder tanzt!

Hier ist die **„Buchstabenkiste“.**
Es gilt, die Zahlenpaare mit einer geraden Linie zu verbinden, damit alle Wörter, die nicht ausgestrichen sind, einen Bibelvers aus Psalm 147 ergeben und sich „Herzerwärmend“ anfühlen.

Entpuppt

Die Raupe kriecht am Boden 'rum
und findet dieses Dasein dumm.
Sie möchte einmal anders leben –
möchte wachsen, fliegen, schweben.
Dann windet sie sich hin und her;
das fällt ihr im Kokon sehr schwer.
Doch so entpuppt sich dieses Ding
und wird ein schöner Schmetterling.

Im Leben kann sich alles wandeln –
vertrau' ich meines Schöpfers Handeln
und tu' ich selber, was ich kann,
denn darauf kommt es zeitgleich an!

Hier ist der **„Zahlen-Buchstaben-Bibelvers“.** Jeder Buchstabe steht im Alphabet an einer bestimmten Stelle. Das „A“ hat die „1“, das „B“ die „2“ ... das „Z“ die „26“. Wie heißt der Bibelvers aus Epheser 4, der viel mit dem Gedicht „Entpuppt“ zu tun hat.

26, 9, 5, 8, 20 __________

4, 5, 14, __________

14, 5, 21, 5, 14 __________

13, 5, 14, 19, 3, 8, 5, 14 __________

1, 14 __________

4, 5, 18 __________

14, 1, 3, 8 __________

7, 15, 20, 20 __________

7, 5, 19, 3, 8, 1, 6, 6, 5, 14 __________

9, 19, 20 __________

9, 14 __________

23, 1, 8, 18, 5, 18 __________

7, 5, 18, 5, 3, 8, 20, 9, 7, 11, 5, 9, 20 __________

21, 14, 4 __________

8, 5, 9, 12, 9, 7, 11, 5, 9, 20 __________

Sein Sterben

Er ist auf seinem letzten Gang.
Vorbei ist längst der Lobgesang.
Nun warten auf den Gottes Sohn
nur Schmerzen, Schläge, Spott und Hohn.
Er muss das schwere Kreuz nun tragen
und wird daran sogar geschlagen.
Sein letztes Wort: „Es ist vollbracht!“,
das klingt im Herzen mir noch nach.

Ich bin bewegt und auch ergriffen:
Der Vater hat nicht eingegriffen.
Er lässt es zu, bricht sich das Herz,
erduldet Not, den ganzen Schmerz,
das eigne Kind nun zu verlieren,
damit wir – seine Menschen – spüren,
wie sehr er uns doch wirklich liebt
und dass er alles für uns gibt!

Hier ist **„Das Ende vom Anfang“.**
Einiges, worunter Jesus am Kreuz litt, passt in die Schlange im unten stehenden Kästchen. Die Ziffern zeigen jeweils einen Wortanfang, bzw. ein Wortende, denn der Endbuchstabe des vorangegangenen Wortes ist zugleich der Anfangsbuchstabe des folgendenden.
Welche der folgenden Begriffe gehören in welcher Reihenfolge in die Kästchen und welche passen nicht mehr in die Wortschlange?

Spott, Sünden, Dunkelheit, Schläge,
Hohn, Tod, Nägel, Leid, Schmerzen

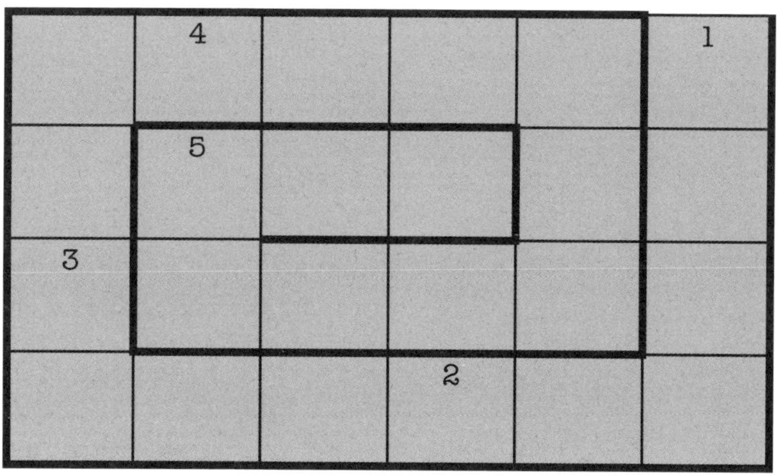

Fair-geben

Es hatte eine Zeit gedauert:
Ich war voll Zorn und hab getrauert.
Mein Herz, von Tränen sehr benetzt,
war tief von deiner Tat verletzt.
Doch bin ich nicht an dich gebunden
hab' meinen Frieden nun gefunden.
Weil ich dir diese Schuld verzeih',
bin ich nun endlich wieder frei.

Ich stehe doch auf eignen Füßen
und kann darum ja selbst beschließen,
wie ich nun auf das Leben sehe
und wie ich mit dem Leid umgehe.
Infolge nehm' ich Stück für Stück
die Hoffnung wieder in den Blick.
Ich habe längst für mich erkannt:
Das alles liegt in meiner Hand.

Im Ende steckt auch ein Beginn
und im Verlust noch der Gewinn.
So will ich diese Chance ergreifen,
das Alte langsam von mir streifen
und mich nach Neuem voll ausstrecken,
den Zauber darin bald entdecken,
weil ich inzwischen überwunden,
was ich so schmerzhaft einst empfunden!

Hier ist ein **„Lückenbüßer“.**
Es gilt, die folgenden Silben zu sortieren und zusammenzufügen, damit der Bibelvers aus Kolosser 3 komplett ist, der hinter dem Gedicht „Fair-geben“ steht.

ge	an	un	ge
gebt	ter	je	der
an	ge	Ver	ver
ver	Kla	gen	ein
gebt	ben	dern	mand

„ ____________________euch______________________,
wenn ________________ ______________________
hat ______________________ den________________;
wie der Herr euch __________________________
hat, so _____________________ auch ihr!“

Ins Rollen kam der Stein

Ins Rollen kam der Stein;
er lag vor deinem Grab.
Man legte dich hinein,
nachdem du für uns starbst.

Das Glauben und das Hoffen
begruben wir mit dir.
Fast jeder war betroffen,
verschloss nun Tor und Tür.

Man hatte nicht verstanden
die alte Prophetie.
So bist du auferstanden –
am Sonntag in der Früh.

Die Frauen waren Zeugen;
sie sahen dich zuerst
und konnten nichts verschweigen.
Bewegt war jedes Herz.

Die Menschen sagten weiter:
„Du wurdest auferweckt!"
Das machte viele heiter,
weil darin Hoffnung steckt.

Der Tod liegt nun im Sterben,
verendet mit der Zeit.
Das Leben hier auf Erden
belebt in Ewigkeit.

Der Höchste hat die Türen
zum Himmel aufgemacht.
Nun dürfen wir erspüren
das Kommende – ganz sacht!

Hier ist ein **„Rotationsrätsel“.**
Dabei geht es darum, die Buchstabenräder so zu drehen, dass in jeder Reihe zwei Wörter zu lesen sind, die verraten, was die Auferstehung für uns mit sich bringt.

L	E	N	A	C	N
C	H	E	B	E	S
E	T	V	I	E	P
P	K	S	R	N	E

Ich krieg' die Krise

Mein Gott, ich krieg' die Krise
und steck' schon mittendrin.
Ich fühl' mich abgewiesen;
weiß nicht mehr, wer ich bin.
Ich habe mich verlaufen;
mir ist so viel missglückt.
Der große Scherbenhaufen
hat mich hier längst erdrückt.

Mein Gott, ich krieg' die Krise
und steck' schon mittendrin.
Ich will mich nicht verschließen
und find' doch keinen Sinn.
Im ganzen Durcheinander,
fühl' ich mich ganz allein.
Wenn ich durch's Tal nun wander',
wer wird noch bei mir sein?

Mein Gott, ich krieg' die Krise
und bin schon mittendrin.
Doch zieht mich ebendiese
noch näher zu dir hin.
Ich suche bei dir Hilfe,
viel Liebe und viel Trost.
Du holst mich aus der Tiefe;
es ist nichts ausweglos.

Mein Gott, ich krieg' die Krise
und bin noch mittendrin.
Das Scheitern ist die Wiese,
auf der bald Blumen blüh'n.
Dort wächst bereits das Neue;
ich nehm' es in den Blick.
Du bist für mich der Treue,
für den ich den Strauß pflück'!

Hier wird **„Gestohlen“.**
Jedem der nachstehenden Wörter ist eine Silbe zu entnehmen, die aneinandergereiht einen Bibelvers aus Römer 8 ergeben und der mich ermutigt hat, als ich das Gedicht „Ich krieg' die Krise“ schrieb.

BEWIRKEN * GEWISSEN * BLUMENWIESEN * ABENDMAHL * OBERKELLNER * SODASS * SOMMERSONNENWENDE * ERSCHEINEN * MELODIE * GOTTVERTRAUEN * ANLIEGEN * ERLEBEN * IDEAL * LEBENSWEG * ALLTAGSHELDIN * GEMEINDEHAUS * ZUMBA * VERBESSERN * ANBETEN * PSALMODIE * NENNENSWERT

Da-Heim angekommen

Zu dir, Herr, darf ich kommen;
du nimmst mich auf bei dir.
Du heißt mich heut willkommen;
weit offen steht die Tür.
Du schließt mich in die Arme;
ich schmieg' mich bei dir an.
Und du lässt mich erahnen,
dass ich hier bleiben kann.

Egal, was ich mir dachte,
wohin es mich auch trieb,
was ich an Fehlern machte –
dein Sehnen nach mir blieb.
Und nun sind wir verbunden;
du stößt mich nicht hinaus.
Jetzt hast du mich gefunden;
bei dir bin ich zu Haus'!

Hier ist ein **„Kreuz-Wort-Rätsel“.**
Dabei sind alle Wörter eines Bibelverses, den ich beim Schreiben des Gedichtes „Da-Heim angekommen“ im Sinn hatte, enthalten – allerdings zwischen Synonymen für „Daheim“.
Die Wörter müssen auseinandergelesen werden.
Wie heißt der Vers aus Johannes 6?

				U	N	T	E				
				R	S	C	H				
				L	U	P	F				
W	E	R	B	L	E	I	B	E	Z	U	P
A	R	A	D	I	E	S	M	I	R	V	A
T	E	R	H	A	U	S	K	O	M	M	T
				Z	U	F	L				
				U	C	H	T				
				S	O	R	T				
				D	E	N	B				
				E	H	A	U				
				S	U	N	G				
				W	E	R	D				
				E	W	O	H				
				N	U	N	G				
				I	C	H	H				
				I	M	M	E				
				L	N	I	C				
				H	T	H	E				
				I	M	A	T				
				H	I	N	A				
				U	S	S	T				
				O	ß	E	N				

Geist-Erfahrer

Die Kraft kommt von oben,
bist du müde und schwach.
Nun siehe, da droben ...
Der Geist macht dich wach.

Der Atem des Lebens
strömt neu in dich ein.
Das ist nicht vergebens;
bist nie mehr allein.

Der Geist will begeistern;
du startest jetzt neu,
kannst vieles hier meistern;
denn er bleibt dir treu.

Du darfst dich bewegen;
der Wind hat gedreht.
Das wird dich beleben,
weil er durch dich weht!

Hier ist ein **„Such-Wort-Rätsel“.**
In den nachstehenden Bibelversen verbirgt sich jeweils etwas, was Gott uns schenken möchte. Kleiner Tipp: In dem Gedicht „Geist-Erfahrer“ habe ich es auch erwähnt.

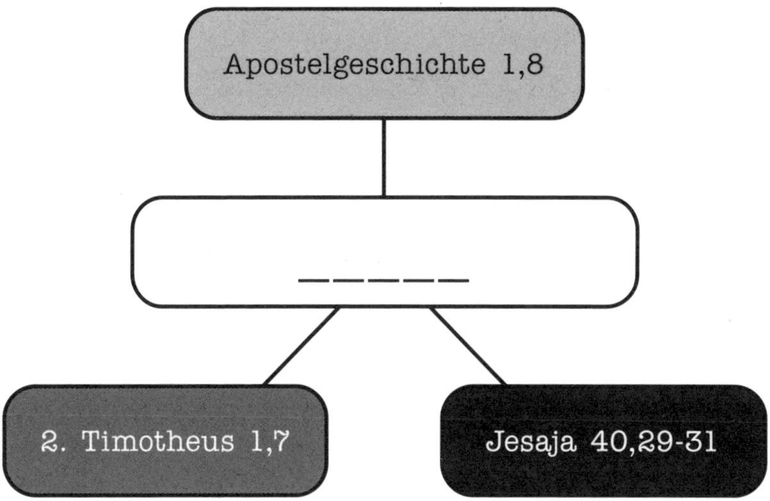

Der (un)gläubige Thomas

Der Zweifel hat sein Herz durchbohrt;
er glaubt nicht mehr an morgen.
Denn sein geliebter Herr ist fort;
am Kreuz ist er gestorben.
Auf all die Jünger hört er nicht;
er kann sie kaum verstehen,
als einer nach dem andern spricht:
„Ich hab' ihn schon gesehen!"

Für Thomas ist jetzt alles trist;
der Herr soll sich beweisen,
dass er vom Tod erstanden ist.
So würde er ihn preisen.
Und Jesus kommt dem Jünger nah
und zeigt ihm seine Wunden.
Da spürt der Thomas: „Er ist da!"
Das will er nun bekunden.

Die Szene hat mich tief berührt;
der Thomas ist sehr offen.
Und dass sich Jesus nicht geniert –
das lässt mich glauben, hoffen.
Auch ich darf hier ganz ehrlich sein,
muss Zweifel nicht verschweigen.
Gestehe ich auch Wunden ein –
so kann ich sie auch zeigen.

Hier ist ein **„Zähl-Rätsel“.**
Dabei sind ein paar Wörter aus der Geschichte von Thomas aus Johannes 20 abzuzählen und in die Kästchen einzutragen. In den getönten Feldern ist dann ein „anderer Name“ von ihm zu entdecken, weil er eben mehr als nur „Der (un)-gläubige Thomas“ ist, wie es in dem gleichnamigen Gedicht heißt.

					Vers 24, Wort 5
					Vers 26, Wort 5
					Vers 25, Wort 40
					Vers 29, Wort 13
					Vers 30, Wort 2
					Vers 27, Wort 6 (-e)
					Vers 25, Wort 11
					Vers 26, Wort 4

OFFEN SEIN

Ich möchte für dich offen sein
an jedem neuen Tage.
So lasse ich mich auf dich ein,
weil ich zu glauben wage,
dass du mich überraschen willst –
mit deinen Möglichkeiten,
durch die du Herz und Hände füllst.
Ich muss dir viel bedeuten!

Ich möchte für dich offen sein
und größer von dir denken,
vertraue dir jetzt klein um klein;
du wirst dich nie beschränken
und gibst mir in der Schwäche Kraft
und in dem Dunkel Licht.
Das Tote weckst du osterhaft,
schenkst Reichtum im Verzicht.

Ich möchte für dich offen sein –
in meinem ganzen Leben.
Ich weiß, ich bin nicht mehr allein;
hast alles schon gegeben.
Drum mach' ich meine Augen auf –
für deine großen Wunder.
Es gibt sie Tag und Nacht zuhauf;
ich bin jetzt ein Erkunder!

Hier ist ein **„Irrgarten“.**
Es gilt, mit einem Rechteck zu beginnen, in dem ein Wort mit einem Anführungszeichen beginnt, um dann Zug um Zug den richtigen Verbindungslinien zu folgen, damit ein Bibelvers aus Psalm 72 zu lesen ist, der mich zu dem Gedicht „Offen sein“ inspiriert hat.

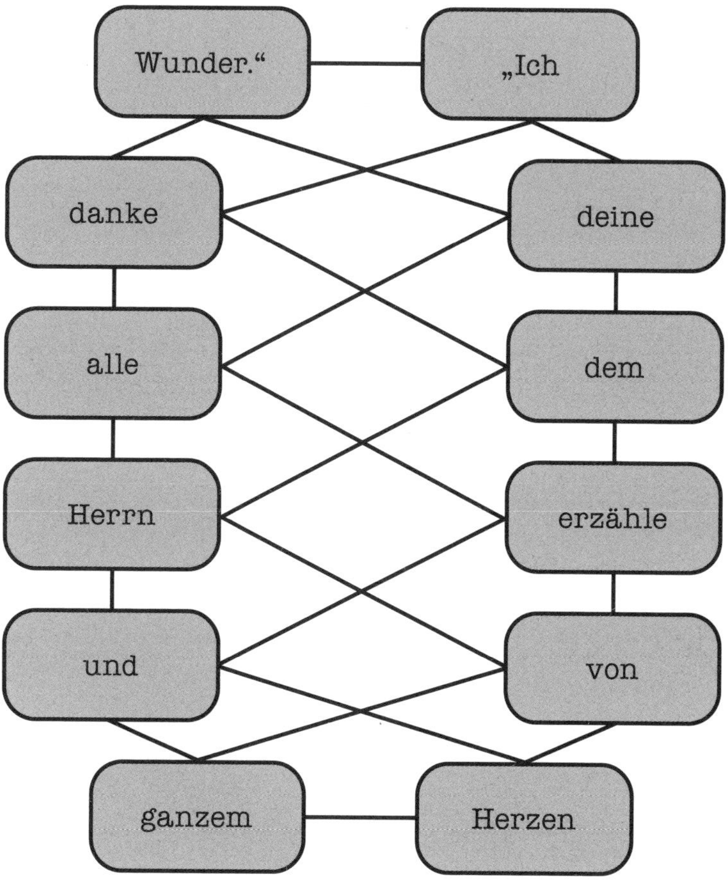

Zu dir hingezogen

Dein Herz hat meins ganz tief berührt
und mich zu dir sanft hingeführt.
Nun weiß ich mich nicht mehr allein;
du gibst der Seele ein Daheim,
in dem sie sich geborgen fühlt –
von deiner Liebe zart umhüllt.

Ich muss mich vor dir nie verstellen,
kann im Vertrauen dir erzählen,
was mich beschämt und mich bedrückt,
beflügelt, stärkt und auch erquickt.
Dein Mitgefühl ist riesengroß –
die Liebe ganz bedingungslos.

So darf ich mich fest an dich schmiegen,
in deiner Milde mich nun wiegen.
Ich will mit dir zusammenleben
und mich dir voll und ganz hingeben,
den Nächsten in die Arme schließen.
Die Liebe darf jetzt überfließen!

Hier ist ein **„Rückschritt“.**
Bei diesem Rätsel gilt es, das Alphabet ganz genau zu berücksichtigen. Wer hier jeden einzelnen Buchstaben um einen vorrechnet, entziffert den Bibelvers, der mich zu dem Gedicht „Zu dir hingezogen“ inspiriert hat.
Kleiner Tipp: Der letzte Buchstabe des Alphabets ist in diesem Fall wieder der erste.

„HBG GZAD CHBG ID
TMC ID FDKHDAS,
CZQTL GZAD HBG
CHBG YT LHQ
FDYNFDM
ZTR KZTSDQ FTDSD.”

Irgendwann beginnt im Jetzt

Irgendwann lebst du endlich deine Träume,
lässt das Gestern Gestern sein,
öffnest Fenster deiner Räume,
spürst der Sonne hellen Schein.

Irgendwann erinnerst du dich an das Schöne,
das du auch erfahren hast –
an das viele Angenehme,
was inzwischen schon verblasst.

Irgendwann siehst du nicht mehr in die Zukunft,
lässt das Morgen Morgen sein.
Du erspürst des Lebens Gunst
und stellst dich aufs Vertrauen ein.

Irgendwann lebst du nicht von deiner Ahnung,
wie alles kommt, was dann wohl wär',
lässt das Horten und die Planung,
jagst dem Glück nicht hinterher.

Irgendwann willst du gar nichts mehr aufschieben,
weil du das Hier und Heute schätzt.
Du willst leben und auch lieben.
Das Irgendwann beginnt im Jetzt!

Nur im Jetzt kannst du was lenken;
hört das Warten endlich auf.
Nur im Jetzt kannst du verschenken;
stehst du für das Gute auf.
Nur im Jetzt kannst du dich regen;
dich braucht deine kleine Welt.
Nur im Jetzt kannst du sie prägen,
weil dein Licht auch sie erhellt!

Hier ist ein **„Wort- und Buchstaben-Rätsel“.**
Bei dem Formenpuzzle sind auch noch die Buchstaben der einzelnen Wörter durcheinandergeraten. Wer sie richtig zusammenlegt und ordnet, entdeckt ein Zitat von Thérèse von Lisieux, das mir eingefallen ist, als ich das Gedicht „Irgendwann beginnt im Jetzt“ geschrieben habe.
Kleiner Tipp: Der Satz beginnt mit der Nummer 1 und endet mit der Nummer 9 ...

9. GAT
1. MU
6. RUN
5. CIH
8. TUGENHEI
2. UZ
7. NED
3. BLEINE
4. EBAH

Unverblümt

Seht die Blumen auf dem Felde –
was ist das doch für ein Gemälde!
In ihrer großen Farbenpracht
sind sie nur für euch gemacht.
Auch schuf ich sie in vielen Arten
für die Wiese, für den Garten.
Sie weben und sie spinnen nicht,
bekleiden hier auch keine Pflicht.
Sie sind nur herrlich anzusehen
und müssen doch schon bald vergehen.

Ich hab' die Blumen schon sehr gern,
doch ihr, ihr seid mein Augenstern,
erwählt, gekrönt, mein größtes Glück!
Euch habe ich noch mehr im Blick.
In mir seid ihr rundum geborgen.
Darum macht euch doch keine Sorgen
um Kleidung, Trinken und das Essen.
Ich werde euch niemals vergessen!"
All das spricht Jesus uns heute zu.
Mir macht das Mut; ich finde Ruh'.

Hier ist ein **„Schieberätsel“.**
Wer die folgenden fünf Wörter mehrfach nach links oder rechts gegeneinander verschiebt, kann – senkrecht von oben nach unten lesend – immer neu vier weitere wunderschöne Blumen entdecken, die uns „unverblümt“ an Gottes Fürsorge erinnern.

H E L I A N T H U S

F U C H S I E

V A L L O T A

P F E N N I G K R A U T

O R C H I D E E

Stufen-Weise

Du bist die Leiter hochgeklettert,
hast oben alles fest im Griff.
Dann hast du Karten hingeblättert:
mein Haus, mein Auto und mein Schiff.

Du bist nun stolz auf all dein Können –
auf alles das, was du geschafft
und möchtest dich von nichts mehr trennen,
denn ja, du fühlst dich ehrenhaft.

Doch bald fällst du von dieser Leiter,
und landest heftig auf dem Bauch.
Plötzlich weißt du nicht mehr weiter
und dein Selbstwert schwindet auch.

Dort ganz unten fragst du grämlich:
„Was bleibt mir? Wer bin ich nun?“
Deine Lage scheint erbärmlich –
du kannst nichts mehr zeigen, tun.

Lange wirst du überlegen,
hörst nun in dein Herz hinein
und du merkst auf deinen Wegen:
Es geht Gott nur um dein Sein!

Hier ist ein **„Wort-Hoppla-Hopp“.**
Dabei ist von Feld zu Feld zu springen wie mit einem Springer (Pferd) beim Schach. Dieser springt zwei Felder in eine Richtung, dann ein Feld im rechten Winkel dazu oder umgekehrt (erst eins, dann zwei), um die nachfolgende Position zu erreichen.
Begonnen wird mit dem Feld, in dem ein Stern zu finden ist. Dann ergeben sich zwei Bibelverse aus Epheser 2, der mich zum Schreiben des Gedichts „Stufen-Weise“ inspiriert hat.
Wie heißen sie?

IHR	JEMAND	EUCH	NICHT	GNADE
GOTTES	AUS	SEID	NICHT	AUS
UND	GERETTET	RÜHME	AUS	ES
WERKEN	GABE	GLAUBEN	NICHT	SICH
DURCH	DAS	DAMIT	IST	*DENN

Sein und Werden

Ich darf sein und auch noch werden,
solange ich hier bin auf Erden.
Ich lebe nicht, um nur zu schmeicheln
und Menschen etwas vorzuheucheln,
mich durch Werke oder Zeichen
mit den andern zu vergleichen,
weil ich Gottes Gunst genieße,
seine Liebe jetzt erschließe.

Gott hat längst um mich geworben,
ist für mich am Kreuz gestorben.
In ihm bin ich echt, vollwertig.
Er ist mir nahe, gegenwärtig,
sodass er meine Schritte lenkt,
mit der Freiheit mich beschenkt,
das, was er mir gibt, zu geben
und authentisch hier zu leben!

Hier ist der **„Krautsalat“.**
In dem folgenden Zitat von Martin Luther sind bis auf den ersten und den letzten Buchstaben alle durcheinander gekommen. Wie heißt der Ausspruch richtig, der mich zu dem Gedicht „Sein und Werden“ inspiriert hat?

„Das Lbeen ist kien Fmomsiren,
sendorn ein Fwodmreremn,
nhict enie Gehunsedit,
sernodn ein Gedrwesnuden,
nhict ein Sien, srneodn ein Wdreen,
nchit enie Rhue, senodrn enie Ünubg.
Wir snid's ncoh nciht, wir wreedn's aebr.
Es ist ncoh nciht gtaen oedr gsecehehn,
es ist aebr im Gnag und im Swnachg.
Es ist nchit das Edne, es ist aebr der Weg.
Es gnürt und gznält ncoh nciht alels,
es rigient scih aebr alels.“

Die Rose

Die Rose scheint im Aufbruch
und ist sich nicht ganz grün.
Sie hegt an sich den Anspruch:
„Ich möchte schön erblüh'n!
Doch dann muss ich viel wagen,
mich zeigen – ganz direkt –
und das ganz offen tragen,
was längst schon in mir steckt."

Die Rose scheint im Aufbruch
und sieht noch vieles grau.
Sie fürchtet so den Einbruch;
die Knospe trägt den Tau.
„Wenn ich mich offen zeige,
verletzt man mich vielleicht.
Mag sein, ich hab' auch Freude
und Offenheit macht reich?!"

Die Rose scheint im Aufbruch
und wird in sich ganz rot.
Sie wagt nun einen Versuch
und blüht in einem fort.
Sie gibt sich hin in Liebe,
verströmt den Duft auch sacht
und tut – mit allen Trieben –,
wozu sie einst erdacht!

Die Rose scheint im Aufbruch
und färbt auf alle ab.
Sie denkt nicht mehr an Ausbruch,
weil Gott ihr Wurzeln gab.
Nach jedem Sommerregen
erfreut sie sich am Licht.
Sie schenkt auch lauter Segen;
gibt Menschen Zuversicht!

Hier ist **„Acht haben“.**
Hinter den folgenden acht Buchstaben steckt ein ganz bestimmtes Wort. Anhand der entsprechenden Linien gilt es herauszufinden, wo es beginnt und wie es heißt.
Kleiner Tipp: Natürlich hat das Lösungswort etwas mit dem Gedicht „Die Rose“ und mit dem Herzenswunsch Gottes an uns zu tun ...

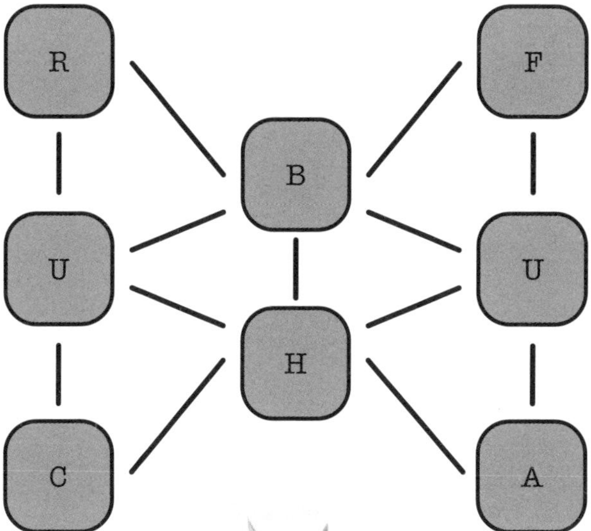

Mee(h)r-Blick

Er und sie sind frisch vermählt
und geben nun ein großes Fest,
weil einfach nur die Liebe zählt,
die sich mit Freunden feiern lässt.
Sie haben wochenlang geplant,
damit kein Missgeschick entsteht.
Doch sie haben nicht geahnt,
dass viel zu früh der Wein ausgeht.

„Was sollen unsre Gäste denken;
was biete ich noch allen an?
Ich hab' nichts mehr, um einzuschenken!",
denkt enttäuscht der Bräutigam.
Doch auch Jesus ist zugegen;
tritt für all die Menschen ein.
Er bringt Freude und auch Segen,
verwandelt Wasser nun in Wein.

Hast du das auch schon erfahren;
dein Bemühen ging dahin?
Und du fragst – vielleicht nach Jahren:
„Wo steckt dabei nur der Sinn?"
Gott will für uns Zeichen setzen,
macht aus wenig viel, viel mehr,
wenn wir ihn nicht unterschätzen:
Er lässt Herz und Hand nicht leer!

Hier ist ein **„Quizrätsel“.**
Dabei sind die Fragen und jeweils zwei Antwortmöglichkeiten, hinter denen ein Buchstabe steht, vorgegeben. Bei der richtigen Lösung ergeben diese – neu sortiert – eine Augenzeugin des Wunders, das ich im Gedicht „Mee(h)r-Blick“ wiedergebe.

Welche Geschichte erzählt das Gedicht Mee(h)r-Blick?
a) Hochzeit zu Kanaan ... **Z**
b) Hochzeit zu Kana ... **T**

Wer sagt zu den Dienern:
„Was er euch sagt, das tut.“?
a) die Mutter Jesu ... **A**
b) ein Bruder Jesu ... **J**

Wie viele Wasserkrüge standen für die Reinigung bereit?
a) sechs ... **R**
b) sieben ... **E**

Das wievielte Zeichen war die Verwandlung von Wasser zu Wein – laut Bericht?
a) das Elfte ... **A**
b) das Erste ... **B**

In welchem Evangelium wird von diesem Wunder erzählt?
a) Johannes ... **U**
b) Matthäus ... **F**

Neues wagen

Fehler machen,
daraus lernen,
wieder lachen –
herzerwärmend.
Weiter blicken,
größer denken,
niederbücken,
Tiefe schenken.

Neues wagen,
was riskieren,
nichts vertagen,
sich verlieren
und auch finden,
Angst besiegen,
Licht entzünden,
Herzen lieben.

Große Träume,
vorwärts gehen,
weite Räume,
Schönes sehen,
sich entfalten
und hingeben,
nun gestalten,
sinnvoll leben.

Hier ist ein **„Zweierlei“.**
Die hellen und die dunklen Felder bilden immer ein Buchstabenpaar, das sich ergibt, wenn die angegebenen Bibelverse ihren jeweiligen Büchern zugeordnet werden können. Bei richtiger Aneinanderreihung kommt die Lösung der folgenden Frage heraus:
Was schafft Gott, wie ich es im Gedicht „Neues wagen“ angedeutet habe?
Kleiner Tipp: Der Name beginnt mit dem weißen Buchstaben im hellen Feld.

N	A	F
„Siehe, ich mache alles neu.“	„Ich will ein Neues schaffen.“	„Pflüget ein Neues, solange es Zeit ist.“

A	G	N
Hosea 10,12	Offenbarung 21,5	Jesaja 43,19

Jenny und der Silberpenny

Eine Frau – ich nenn' sie Jenny –
verliert einst einen Silberpenny.
Sie ist auf jenen angewiesen;
demzufolge sucht sie diesen –
im ganzen Haus, in allen Ecken.
Wo kann er sich denn nur verstecken?
Vom großen Keller bis zum Dach
sieht Jenny gründlich, panisch nach.

Es geht noch lange ... über Stunden,
bis sie das Geldstück dann gefunden.
Sie jubelt laut und singt Loblieder:
„Ich habe meinen Penny wieder
und muss nicht ohne ihn verhungern
oder auf der Straße lungern.
Was ist das für ein großer Segen,
den der Schöpfer mir gegeben!"

Dann lädt sie ihre Freunde ein;
mit Jenny dürfen sie sich freu'n.
„Wie unbemerkt man doch vergisst,
dass manche Sache kostbar ist,
wenn man voller Schrecken spürt,
dass man sie vielleicht verliert!",
spricht Jenny auf dem schönen Fest,
als jeder Gast ihr Haus verlässt.

Hier ist ein **„Versteckspiel“.**
Im folgenden Bibeltext, den ich in dem Gedicht „Jenny und der Silberpenny“ beschrieben habe, sind bestimmte Wörter aus dem Zusammenhang hinter Zahlen versteckt. Ihre Anfangsbuchstaben verraten, womit Menschen Gott und den Engeln im Himmel immer eine Freude machen.

„Oder welche Frau, die zehn Silbergroschen hat und [2] davon verliert, zündet nicht ein Licht an und [5] das [7] und sucht mit Fleiß, bis sie ihn findet? Und wenn sie ihn gefunden hat, [8] sie ihre Freundinnen und Nachbarinnen und spricht: Freut [6] mit [4] denn ich [1] meinen Silbergroschen gefunden, den [3] verloren hatte. So, sage ich euch, ist Freude vor den Engeln Gottes über [6] Sünder, der Buße tut.“ (Lukas 15,8-10)

Ab-Glanz

Nur wer fällt, kann sich erheben.
Wer tausend Tode stirbt, schätzt Leben.
Im Schatten lernt man's Licht erst lieben.
Und wer Verluste kennt, kann siegen.

Drum stehe ich zu meinen Schwächen,
zu meinem Scheitern, den Gebrechen,
trag' mit Stolz die Schrammen, Narben,
denn Gott bringt ins Schwarze Farben.

Er, mein Ziel, ist auch die Kraft,
mein Licht, mein Halt, die Leidenschaft.
Er gibt Wunder in die Wunden
und lässt mich im Heil gesunden!

Hier ist **„Schwarz-weiß“.**
Zu jedem der folgenden Begriffe, soll ein gegenteiliges Wort gefunden werden. Bei richtiger Lösung ergeben die Anfangsbuchstaben von oben nach unten gelesen ein Hauptwort, das auch in dem nebenstehenden Gedicht vorkommt.

FALLEN	
TÄLER	
VERLUST	
HASS	
ENDE	
ALTES	
START	

Ich bin mit dir

Ich bin mit dir, halte mein Wort,
gehe von dir nie wieder fort.
Ich geb' dir Zuflucht, geb' dir Licht,
auf ewig bin ich die Zuversicht.

Ich bin mit dir, halte dich fest,
auch wenn ein Mensch dich fallen lässt.
Ich fang' dich auf, trage dich weit
bis hin zu mir durch Raum und Zeit.

Ich bin mit dir, halte zu dir,
hast du auch Feinde wegen mir.
Sei unbesorgt. Ich schütze dich,
habe dich stets vor Angesicht.

Ich bin mit dir, halte die Wacht,
bist du auch müde, fühlst dich schwach.
Ich helfe dir, gebe dir Kraft,
die neues Leben in dir schafft.

Ich bin mit dir, halte dich aus,
willst du auch einmal hoch hinaus.
Ich hol' dich ein, reich' dir die Hand,
und führ' dich in das himmlische Land.

Hier ist ein **„Fächerrätsel“.**
Es gilt, einigen Begriffen die jeweiligen Kapitel oder Verse aus den Bibelbüchern zuzuordnen, durch die Gott uns jeweils zeigt: „Ich bin mit dir“ – wie es das gleichnamige Gedicht andeutet.

Denn er will uns:

HALTEN .. .. Psalm _ ,6
LIEBEN.. .. .. Johannes 3, _ _
LEITEN . .. . Psalm 73, _ _
TRÖSTEN . .. . Jesaja _ _,13
BEFREIEN .. .. Psalm 146, _
ANSEHEN .. .. 1. Mose _ _,13
HELFEN .. .. Jesaja 41, _ _
BEHÜTEN .. .. Psalm _ _ _,8
VERGEBEN .. .. Micha 7, _ _
SEGNEN .. .. Psalm _ _ _,12

Kapitel				
3	16	66	115	121

Verse				
7	13	16	18	24

Gottes Schrift

Wie ein Buch mit sieben Siegeln
ist zuweilen Gottes Schrift,
doch dann öffnen sich die Riegel
und ein Wort im Herzen trifft,
um zu trösten und zu leiten,
uns zu stärken, aufzubau'n,
damit wir – zu allen Zeiten –
mit Gott leben, ihm vertrauen.

Darum lasst uns darin lesen –
regelmäßig Tag für Tag.
Wir entdecken Gottes Wesen,
und es nährt uns, was er sagt.
Ja, Gott möchte uns begegnen –
gibt er auch nicht alles preis,
doch er will uns gerne segnen,
aufgeschrieben schwarz auf weiß.

Und ganz oft wird es ein Spiegel,
weil es leise in uns liest.
Deshalb zeigt uns unsre Bibel,
dass Gott uns hier nahe ist.
Er wird jedes Herz berühren,
schreibt Geschichte hier und heut.
Das Erschließen öffnet Türen,
und der neue Weg wird weit!

Hier ist **„Wort in Wort“.**
In jedem der folgenden Wörter – den Bibelbüchern – ist ein kürzeres Wort versteckt. Die Anfangsbuchstaben der jeweils gesuchten Wörter ergeben ein weiteres Buch aus „Gottes Schrift“.

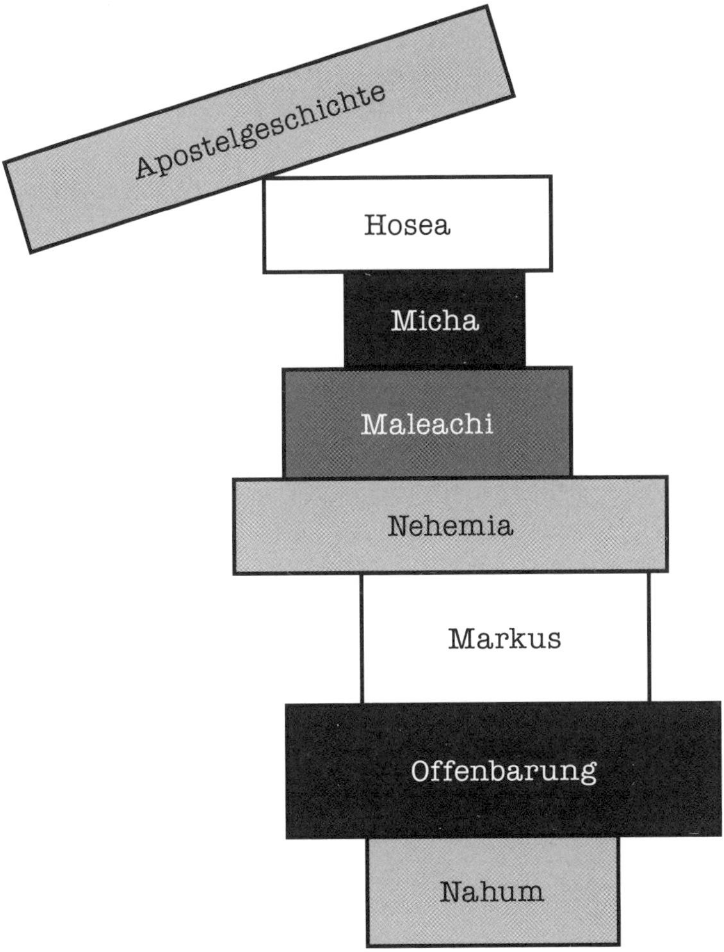

Abram

Als Gottes Auftrag zu ihm kam:
„Komm', geh' aus deines Vaters Land!",
war er schon alt, der Abram;
und dennoch ging es ganz rasant!
Er packte sofort alles ein,
nahm seine Frau und auch den Lot.
Er ließ sich auf den Ruf nun ein
und glaubte seinem alten Gott.

Er wusste nicht, wohin es ging,
weshalb Gott ihn erwählte,
doch weil er nicht am Alten hing,
gab's nichts, was ihn da quälte.
Er freute sich, der weise Greis,
in Zukunft noch ergeben
auf seines treuen Herrn Geheiß
dort Wunder zu erleben.

Ich staune über diesen Mann
und möchte von ihm lernen,
damit ich Gott ganz dienen kann,
will ich auch mich entfernen –
von dem, woran die Seele hängt;
ich möchte Glauben säen.
So merke ich, wie Gott beschenkt;
die Frucht erwächst im Gehen!

Hier ist ein **„Mittelsilbenrätsel“.**
Viele biblische Personen hatten dreisilbigen Namen. Vier davon sind die Lösung auf die folgenden Fragen und können – Silbe für Silbe von oben nach unten – in die Kästchen eingetragen werden. Jeweils zwei davon haben die gleichen Mittelsilben. Während Anfangs- und Endsilbe hier angegeben sind, fehlen die beiden Mittelsilben. Diese ergeben eine Verwandte von „Abram“.

AB – AK – CHAR – EPH –
HAM – I – IM – IS

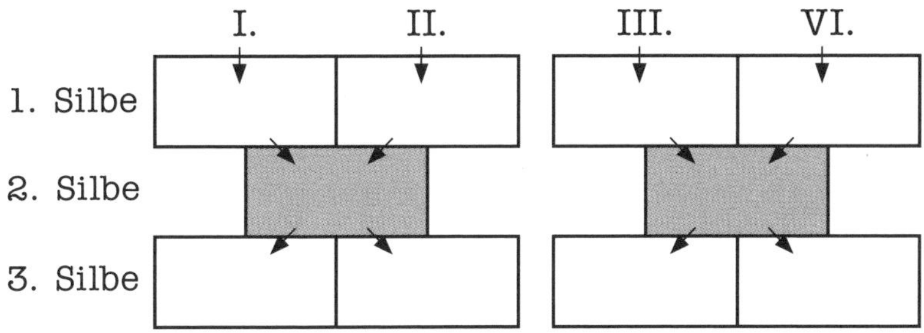

I. Wie heißt der jüngere Sohn von Abram?

II. Wie heißt der Urenkel Abrams (ein Sohn von Jakob und Lea)?

III. Wie heißt einer der beiden Söhne Josefs, der ein Ururenkel Abrams ist?

IV. Welchen Namen gibt Gott dem Abram Jahre später?

LÖSUNGEN

S. 7:
Glaube

S. 9:
1= Gedanken, 2= des, 3= und, 4= ich, 5= euch

S. 11:
„Der Herr ist mein Hirte, mir wird nichts mangeln. Er weidet mich auf einer grünen Aue und führet mich zum frischen Wasser. Er erquicket meine Seele. Er führet mich auf rechter Straße um seines Namens willen. Und ob ich schon wanderte im finstern Tal, fürchte ich kein Unglück; denn du bist bei mir, dein Stecken und Stab trösten mich. Du bereitest vor mir einen Tisch im Angesicht meiner Feinde. Du salbest mein Haupt mit Öl und schenkest mir voll ein. Gutes und Barmherzigkeit werden mir folgen mein Leben lang, und ich werde bleiben im Hause des Herrn immerdar."

S. 13: Weintrauben

S. 15:
Maulbeerfeigenbaum

S. 17:
„ … das Gute und Wohlgefällige und Vollkommene." (Römer 12,2)

S. 19:
„Ich bin der Weg und die Wahrheit und das Leben; niemand kommt zum Vater denn durch mich." (Johannes 14,6)

S. 21:
„Hoffnung ist die Fähigkeit, die Musik der Zukunft zu hören. Glaube ist der Mut, in der Gegenwart danach zu tanzen."
= WALZER

S. 23:
11, 5, 20, 22, 2, 16, 1, 19, 6, 23, 14, 8, 4, 17, 21, 10, 9, 12, 3, 18, 24, 15, 13, 7

S. 25:
Möwe, Eule, Geier, Adler, Taube, Storch, Habicht, Schwalbe, Sperling = MEISE

S. 27:

	T	O	D	K	R	A	N	K		W	O
D	U		A	N		U		A		O	B
E				E		S		P		R	
M	E	N	S	C	H		W	E	R	T	
		U		H	I	N		R			J
S	A	N	D	T	E		I	N		Z	U
A	B		U		R			A	M		D
G	E	H		D				U			E
E	R		H	A	U	P	T	M	A	N	N

S. 29:
„Siehe, ich stehe vor der Tür und klopfe an. Wenn jemand meine Stimme hören wird und die Tür auftun, zu dem werde ich hineingehen und das Abendmahl mit ihm halten und er mit mir."

S. 31:
Lazarus

S. 33:
Wenn man jedes dritte Wort liest, ergibt sich: „Ich bin in die Welt gekommen als ein Licht, damit, wer an mich glaubt, nicht in der Finsternis bleibe." (Johannes 12,46)

S. 35:
„Du stellst meine Füße auf weiten Raum." (Psalm 31,9)

A	D	E	F	I	L	M	N
5	1	2	9	4	3	8	6

R	S	T	U	W	ß	Ü
7	0	10	11	12	13	14

S. 37:
abermals, neue, begeisternden, ewig, total, unendlich, nun, großen = ANBETUNG

S. 39:
„Frieden lasse ich euch, meinen Frieden gebe ich euch. Nicht gebe ich euch, wie die Welt gibt. Euer Herz erschrecke nicht und fürchte sich nicht.“ (Johannes 14,27)

S. 41:
Schriftart 3. Zefanja 3,17

S. 43:
Kirchen, Haus, Kinder, Bibel, Gesang, Predigt, Kreuz, Segen = CHRISTUS

S. 45:
„Gastfrei zu sein vergesst nicht; denn dadurch haben einige ohne ihr Wissen Engel beherbergt.“ (Hebräer 13,2)

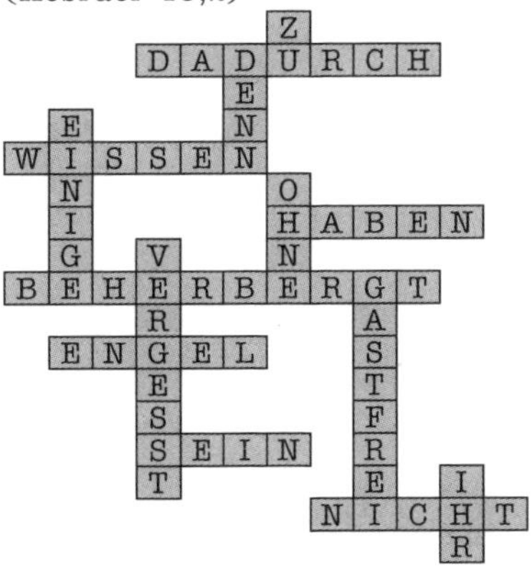

S. 47:
„Wie ein Adler ausführt seine Jungen und über ihnen schwebt, so breitete er seine Fittiche aus und nahm ihn und trug ihn auf seinen Flügeln.“ (5. Mose 32,11)

S. 49:
„Freut euch mit den Fröhlichen, weint mit den Weinenden. Seid eines Sinnes untereinander.“ (Römer 12,15-16)

S. 51: 3. / 2. / 1. Balken
„Du sollst deinen Nächsten lieben wie dich selbst; ich bin der Herr.“ (3. Mose 19,18)

S. 53:
„Vater, alles ist dir möglich; nimm diesen Kelch von mir; doch nicht, was ich will, sondern was du willst.“ (Markus 14,36)

S. 55:
„Ich lebe, und ihr sollt auch leben.“ (Johannes 14,19)

S. 57:
„Ich bin ein Gast auf Erden.“ (Psalm 119,19)

S. 59:
Jairus

S. 61:
„Wer zweifelt der gleicht einer Meereswoge die vom Winde getrieben und aufgepeitscht wird.“ (Jakobus 1,6)

S. 63:
„In der Welt habt ihr Angst; aber seid getrost, ich habe die Welt überwunden.“ (Johannes 16,33) = ÜBERWUNDEN

S. 65:
„Er heilt, die zerbrochenen Herzens sind, und verbindet ihre Wunden.“ (Psalm 147,3)

S. 67:
„Zieht den neuen Menschen an, der nach Gott geschaffen ist in wahrer Gerechtigkeit und Heiligkeit.“ (Epheser 4,24)

S. 69:
Sünden, Nägel, Leid, Dunkelheit, Tod

S. 71:
„Vergebt euch untereinander, wenn jemand Klage hat gegen den andern; wie der Herr euch vergeben hat, so vergebt auch ihr!“ (Kolosser 3,13)
S. 73:
Lebenschance, Perspektiven
S. 75:
„Wir wissen aber, dass denen, die Gott lieben, alle Dinge zum Besten dienen.“ (Römer 8,28)
S. 77:
„Wer zu mir kommt, den werde ich nicht hinausstoßen.“ (Johannes 6,37)
S. 79:
Kraft
S. 81:
Zwölf, waren, Seite, selig, viele, reiche, Herrn, Tagen = ZWILLING
S. 83:
„Ich danke dem Herrn von ganzem Herzen und erzähle alle deine Wunder.“ (Psalm 9,2)
S. 85:
„Ich habe dich je und je geliebt, darum habe ich dich zu mir gezogen aus lauter Güte.“ (Jeremia 31,3)
S. 87:
„Um zu lieben, habe ich nur den heutigen Tag.“
S. 89:
Tulpen, Nelken, Lilie, Aster
S. 91:
„Denn aus Gnade seid ihr gerettet durch Glauben, und das nicht aus euch: Gottes Gabe ist es, nicht aus Werken, damit sich nicht jemand rühme.“ (Epheser 2,8-9)
S. 93:
Das Leben ist kein Frommsein, sondern ein Frommwerden, nicht eine Gesundheit, sondern ein Gesundwerden, nicht ein Sein, sondern ein Werden, nicht eine Ruhe, sondern eine Übung. Wir sind's noch nicht, wir werden's aber. Es ist noch nicht getan oder geschehen, es ist aber im Gang und im Schwang.
Es ist nicht das Ende, es ist aber der Weg. Es grünt und glänzt noch nicht alles, es reinigt sich aber alles.
S. 95:
AUFBRUCH
S. 97:
Braut
S. 99:
ANFANG
S. 101:
HEIMKEHR
S. 103:
Aufstehen, Berge, Gewinn, Liebe, Anfang, Neues, Ziel = ABGLANZ
S. 105:
Psalm 3,6; Johannes 3,16; Psalm 73,24; Jesaja 66,13; Psalm 146,7; 1. Mose 16,13; Jesaja 41,13; Psalm 121,8; Micha 7,18; Psalm 115,12
S. 107:
Post, Hose, ich, Lea, Ehe, Mark, offen, nah = Philemon
S. 109:
Isaak, Issachar, Ephraim, Abraham = SARA